AF277158

MANUAL DE INSTRUCCIONES PARA EL BUEN USO Y MANTENIMIENTO DEL SER HUMANO

No se permite la reproducción total o parcial de este libro, ni su almacenamiento en un sistema informático, ni su transmisión por cualquier procedimiento o medio, ya sea electrónico, mecánico, por fotocopia, por registro o por otros medios, sin permiso previo y por escrito de los titulares del *copyright*.

«Cualquier forma de reproducción, distribución, comunicación pública o transformación de esta obra solo puede ser realizada con la autorización de sus titulares, salvo excepción prevista por la ley. Diríjase a CEDRO (Centro Español de Derechos Reprográficos, www.cedro.org) si necesita fotocopiar o escanear algún fragmento de esta obra».

Manual de instrucciones para el buen uso y mantenimiento del ser humano

© Del texto: Juan Ibáñez Valero
© De esta edición: NPQ Editores
www.npqeditores.com
edicion@npqeditores.com

Primera edición: mayo, 2025
Impreso en España

PEFC

Los papeles que usamos son ecológicos, libres de cloro y proceden de bosques gestionados de manera eficiente.

ISBN: 978-84-10453-59-3
Depósito legal: V-1839-2025

Juan Ibáñez Valero

MANUAL DE INSTRUCCIONES PARA EL BUEN USO Y MANTENIMIENTO DEL SER HUMANO

INTRODUCCIÓN
BUSCANDO LA VERDAD

Debemos aceptar que para desenvolverse en el mundo que vivimos, aunque parezca una broma de mal gusto, digo, que *verdad* es 'cualquier cosa o enunciado que resulte convincente o adecuado al nivel de consciencia de la persona o grupo que se someta a evaluación'.

En los niveles inferiores de consciencia, se aceptan como verdaderas, propuestas que están fuera de toda lógica o que son infundadas o que incluso expresen enunciados que no se pueden demostrar como ciertos ni en la práctica ni con la investigación.

También asociamos la verdad a la conveniencia, a lo que mejor concuerda con nuestro interés, bienestar o retos personales para evitar grandes esfuerzos o los poco gratos trastornos de la vida. También hallamos bastante aceptable lo que en gran medida contribuye a aumentar la autoestima.

Las conductas social y económica son complejas, y comprender su carácter para acoplarse a ellas resulta mentalmente agotador. Por lo tanto, nos aferramos, como si de un bote salvavidas se tratase, a aquellas ideas que representan nuestra comprensión de la vida. También porque nos permite identificarnos con determinados grupo de opinión y esa pertenencia al grupo nos hace sentirnos seguros y confortables en la sociedad.

LOS DIEZ MANDAMIENTOS Y NOSOTROS

Los diez mandamientos son las primeras leyes o normas que Dios dio a los humanos para que pudiesen vivir en paz y felices, teniendo como depositario de las mismas al pueblo judío, «el pueblo elegido». Después vino Jesús y puso en orden lo que los judíos habían cambiado, tergiversado, suprimido o añadido según les convenía.

Jesús, en los Evangelios, nos da instrucciones precisas y completas para el desarrollo de la convivencia humana en paz y, por supuesto, felicidad. Los Evangelios (enseñanzas) no deberían llamarse así; debió de estar muy bien para la época en que fueron escritos, seguro que, en la semántica de la época, la palabra *evangelio* describía a la perfección el sentido de lo querían expresar.

En los tiempos actuales sería interesante que los Evangelios, o Nuevo Testamento, tuvieran un título tan sugerente como *Manual de instrucciones para el completo desarrollo y uso espiritual y físico del ser humano*. Puede que tuviera más éxito que el actualmente utilizado de Testamento.

Las culturas occidentales, cristianas en su casi totalidad (católicos, ortodoxos, anglicanos, luteranos y otros) desde hace unos lustros, paulatinamente, han dejado de llenar los templos y de asistir a servicios religiosos, los mayores por impedimento físico o por defunción, y los jóvenes por desapego, porque en casa no se les enseña la fe y porque vivir sin Dios no tiene las restricciones que la religión impone, ya que el disfrute del cuerpo sin limitaciones es la norma: alcohol, drogas variadas, fornicación, subidón de adrenalina mediante deportes o no deportes que ponen en riesgo la vida propia y la de otros. Jóvenes y menos jóvenes que confunden el AMOR, con mayúsculas, con amor, en minúsculas, que es atracción física (como cualquier animal) que deviene en pasión y después en desenfreno. Después vendrán el hastío o la decepción de no sentir como antes y, como consecuencia, la búsqueda de nuevas formas de obtener placer.

Como ya sabéis, todo esto conlleva una continua acumulación de energías negativas. Después, cuando caigan sobre ellos las enfermedades y calamidades de todo tipo, incluida la soledad, ¡sí, la soledad!, porque, aunque estén en compañía, si están cargados de energía negativa, las personas que se acerquen a ellos no les van a dar ni una pizca de AMOR, serán como ellos, idólatras del cuerpo, del poder y del dinero; digo que entonces, cuando vengan las malas y la desesperación, se acordarán de que alguna vez alguien les habló de un Dios que les prometió felicidad. ¡Ojalá les queden días para encontrarse con él!

Pero no todo está perdido. Dios, en su infinita misericordia, continuamente nos propone a todos ocasiones de acercarnos a él, de encontrarnos con él. A veces leemos o escuchamos frases o historias que nos vienen a recordar que hay vida después de la muerte y que allí nos está esperando Dios. Otras veces, será alguien que con sus palabras o con su ejemplo nos lleve a preguntarnos por la conveniencia de reconsiderar nuestras arraigadas opiniones y preguntarnos si los textos sagrados nos pueden estar diciendo la verdad y, entonces, llevarnos al desprendimiento de las cosas terrenales y dedicarnos a explorar y comprender el camino de la espiritualidad; porque Dios no va a desistir en su empeño en que ninguna alma se pierda. Nunca nos va a abandonar. Hasta el último momento de la muerte, Dios nos va a ofrecer la posibilidad de nuestra reconciliación con él (por su parte, Satanás hace lo mismo, quiere llevarse cuantas más almas, mejor; hay que impedírselo como sea).

¿Qué pasa si no cumplimos los diez mandamientos o algunos de ellos?

No he encontrado en el N. T. referencias concretas a esta pregunta, pero en el A. T. sí que hay una muy concreta, que entre otras que se tienen que interpretar dice así: «Porque yo, Yahvé, el Señor tu Dios, soy fuerte y celoso y castigo la maldad de los padres sobre los hijos hasta la tercera y la cuarta generación de los que me aborrecen».

Es totalmente cierto que así ocurre, que hasta la tercera o cuarta generación se pueden somatizar en forma física las desobediencias de los mandamientos.

Pero no es que Dios castigue, porque Dios no juzga, separa; Dios no castiga, somos nosotros los que, a base de desobedecerle, nos ponemos en su contra. Como ya os he dicho otras veces, nosotros, los humanos, tenemos el libre albedrío para hacer el bien o hacer el mal, para atraer hacia nosotros energía positiva o atraer hacia nosotros energía negativa. Si atraemos hacia nosotros energía positiva, porque nuestros pensamientos, palabras, actos o deseos son positivos, atraeremos hacia nosotros personas que también están cargadas de energía positiva, y los sucesos de nuestra vida serán positivos, seremos felices, y repartiremos felicidad y bienestar a todo cuanto nos rodea. Estaremos en la «onda» de Dios.

Si nuestros pensamientos, palabras, actos o deseos son negativos, atraeremos hacia nosotros energía negativa, y atraeremos hacia nosotros personas cargadas también de energía negativa y los sucesos de nuestra vida, el devenir de nuestra vida y la de los que nos rodean o se relacionan con nosotros será un cúmulo de rencores, odios, venganzas, celos, envidias, orgullo, soberbia, etcétera, o sea, un auténtico desastre donde el dolor y la rabia se descargará normalmente sobre los cargados de energía positiva, ya que los malos no pueden tolerar la felicidad de los buenos. Estaremos en la «onda» de Satanás, alineados con sus pretensiones.

Los malos quieren guerra, pelea, envidias, traiciones, mentiras y todo cuanto es del agrado de Satanás. Su instinto es destruir todo lo que haya de bueno sobre la tierra y, con nuestra indiferencia hacia el Evangelio y nuestro alejamiento de Dios (de sus mandatos), estamos cargando a la humanidad de energía negativa que un día explotará.

El incumplir cada uno de los mandamientos tiene sus propias consecuencias sobre la descendencia del incumplidor. Más adelante os explicaré sobre las consecuencias de no cumplir los mandamientos. Antes tendréis que elevar vuestro nivel de consciencia. Si os lo digo ahora, necesariamente juzgaréis a los que están en ese estado y el que juzga es acreedor de una gran negatividad.

***
LOS MANDAMIENTOS DE LA LEY DE DIOS
***

PRIMER MANDAMIENTO
AMARÁS A DIOS SOBRE TODAS LAS COSAS Y AL PRÓJIMO COMO A TI MISMO

Algunas referencias en los Evangelios sobre el primer mandamiento:

> Mateo 6, 24: Nadie puede estar al servicio de dos amos porque aborrecerá a uno y querrá al otro, o bien se apegará a uno y desprenderá de otro. No podéis servir a Dios y al dinero.
>
> Mateo 22, 37-40: Él les contestó: «Amarás al Señor tu Dios con todo tu corazón, con toda tu alma, con toda tu mente». Este es el mandamiento principal y el primero, pero hay un segundo no menos importante: «Amarás a tu prójimo como a ti mismo», De estos dos mandamientos penden la ley entera y los profetas.
>
> Marcos 12, 28-34: ¿Qué mandamiento es el primero de todos? Respondió Jesús: El primero es: Escucha Israel, el Señor nuestro es el único Señor, y amarás al Señor tu Dios con todo tu corazón, con toda tu alma, con toda tu mente, con todas tus fuerzas. El segundo es este: Amarás al prójimo como a ti mismo. No hay otro mandamiento mayor que estos.

Lucas 10,27: El jurista contestó: Amarás al señor tu Dios con todo tu corazón, con toda tu alma, con todas tus fuerzas y con toda tu mente. Y a tu prójimo como a ti mismo.

Mateo 25, 34-46: Entonces el Rey dirá a los que están a su derecha: Venid, benditos de mi Padre, a tomar posesión del Reino preparado para vosotros desde el principio del mundo. Porque tuve hambre y me disteis de comer, tuve sed y me disteis de beber, fui forastero y me recibisteis en vuestras casas, anduve desnudo y me vestisteis, estuve enfermo y fuisteis a visitarme, estuve en la cárcel y vinisteis a verme.

Entonces los buenos preguntarán: Señor, ¿cuándo te vimos hambriento y te dimos de comer? Etcétera. Y el Rey responderá: En verdad os digo que, cada vez que lo hicisteis con alguno de estos mis hermanos más pequeños, lo hicisteis conmigo.

Luego les dirá a los que están a su izquierda: ¡Alejaos de mí, malditos, id al fuego eterno que ha sido destinado para el diablo y sus ángeles! Porque tuve hambre y no me disteis de comer, etcétera.

Aquellos preguntarán también: Señor, ¿Cuándo te vimos hambriento o sediento, desnudo o forastero, enfermo o encarcelado y no te ayudamos? El Rey les responderá: «En verdad os digo que cada vez que no lo hicisteis con alguno de estos mis hermanos pequeños, tampoco lo hicisteis conmigo».

Y estos irán al suplicio eterno y los buenos a la vida eterna.

ALGUNAS REFLEXIONES SOBRE EL PRIMER MANDAMIENTO

Por descontado que hay que amar a Dios sobre todo y por encima de todo. ¿Cómo no le vamos a amar si nuestra alma, la parte de nosotros que no muere, viene de él, es parte de él y a él tiene que volver cuando deje nuestro cuerpo aquí, en la tierra, para que se pudra?

También nos concede cuanto le pedimos (si se lo sabemos pedir) y nos provee de cuanto necesitamos. ¿No le amaremos? Porque, si le amamos, consecuentemente, estaremos en su «onda» y seremos dichosos, aquí en la tierra; y si nosotros somos dichosos, repartiremos entre nuestros semejantes dicha, amor, paz, consuelo, seremos compasivos y, además, caritativos. ¿Qué más se puede pedir?

Pero pregunto yo: ¿cómo se ama a Dios?, ¿qué tenemos que hacer para estar seguros de que amamos a Dios?

Mateo 18, 21-23. No basta con que me digáis «Señor, Señor», para entrar en el Reino de los cielos, sino que hay que hacer la voluntad de mi Padre que está en el cielo. En el día del juicio muchos me dirán: «Señor, Señor, profetizamos en tu nombre, y en tu nombre arrojamos demonios, y en tu nombre hicimos muchos milagros». Y entonces yo les diré: «No os conozco, alejaos de mí todos los malhechores».

Añadido en agosto 2020

Pero, para poder amar a Dios, primero tendremos que saber quién es Dios, ¡tendremos que saber con quién nos la estamos jugando! Porque la representación visual o imaginaria que tenemos de Dios Padre (porque así se le representa en la pintura clásica) es la de un hombre mayor con la cabeza cubierta de canas y una larga barba blanca, una especie de Papá Noel; también se le representa como un ojo dentro de un triángulo (el ojo que todo lo ve).

Pero ¿Dios es así de simple? Si vamos un poco más allá de esas representaciones gráficas o imaginarias, podemos preguntarnos: ¿qué es Dios en realidad?, ¿cómo es Dios?, ¿cuál es su esencia?, ¿tiene forma? Y, si tiene forma, ¿qué aspecto tiene? Y, si nos preguntamos sobre la relación de Dios con nosotros, los humanos, lo que a la inmensa mayoría nos han enseñado es que Dios es una especie de rey todopoderoso o un dictador que nos pone a vivir en un mundo lleno de posibilidades para que nos dejemos seducir por todas ellas y experimentarlas para disfrutar de una vida de placer y que después, una vez instalados en este mundo, nos da una serie de leyes o mandamientos que nos prohíben o limitan el que podamos experimentar los placeres de este mundo durante nuestra corta vida útil, castigando la desobediencia con el infierno (incierto lugar con terribles tormentos y que nadie nos ha mostrado) y en caso de obediencia, renuncia al mundo y disposición absoluta, tendremos como premio el cielo, la gloria, la felicidad absoluta y eterna (algo difícilmente comprensible e inexplicable, como el infierno).

Si seguimos adelante con nuestra pretensión de conocer a Dios, para algunos cristianos Dios es alguien que puede ser vengativo y terrible en caso de desobediencia; para otros cristianos es un ser que nos ama profundamente, pero al que tampoco hay que desobedecer sus órdenes.

A lo largo de todo este proceso de querer conocer o entender a Dios, lo que hemos hecho de él es «humanizarlo», adaptarlo a nuestras limitadas mentes humanas para relacionarnos con él de igual a igual, unos lo hacen con respeto y otros con desprecio; y así, «todos» los humanos solemos responsabilizar a Dios (pues creemos que él, por ser todopoderoso, es el que toma las decisiones que nos afectan) de todas las desgracias, accidentes, enfermedades, muertes imprevistas, etcétera, que nos ocurren y, por el contrario, los sucesos buenos, agradables, placenteros no se los atribuimos a él, esas cosas son nuestras, nos las merecemos o nos las hemos ganado y entonces no tenemos que estar agradecidos a nadie, ni a Dios.

Repito: ¿no os parece que, para poder relacionarnos con Dios, para que la idea de Dios sea asequible a nuestra limitada mente humana, lo hemos «humanizado»?

Y una vez que sin verlo, conocerlo o sentirlo, sin haber tenido una relación directa, de tú a tú, lo hemos puesto más o menos a nuestra altura, entonces nos permitimos desobedecerle, contrariarle o ignorarle cuando nos conviene; renunciar a él y apostatar de la fe y de los sacramentos recibidos cuando pensamos que podemos vivir sin él porque hemos decidido que él no existe, que todo lo referente a Dios es una mentira y una falacia desde siempre, que Dios es un freno a la «libertad» humana, un condicionante a la práctica del libre albedrío.

Hemos empequeñecido a Dios y lo hemos etiquetado, y así, de esa manera, nos es más comprensible y asequible, y desde esa posición podemos repudiarle y ningunearle, sintiéndonos con menos responsabilidad de la que contraemos si nos permitimos hacerlo con los que nos gobiernan en cualquier nivel aquí, en la tierra.

Dios es muchísimo más que todo eso. Toda la creación, todo el universo, todo está en Dios, todo está dentro de Dios, Dios lo comprende todo. También Dios, si así lo desea, puede resumirse en un punto, en una forma, sin por ello dejar de estar en el resto de los lugares. ¿Acaso nuestra alma no es parte de Dios? ¿Acaso no está Dios también en los animales? También está Dios en los vegetales y, si no fuese así, ¿cómo pensáis que secó Jesús la higuera? ¿Acaso pensáis que Dios no está en la materia que llamamos inerte? También está Dios allí, en la tierra que laboramos para que produzca frutos, en las rocas, en los minerales que extraemos y manufacturamos, hasta el confín del universo, si es que existe ese confín, también allí está Dios, y si no estuviese Dios en la Luna o en Marte, sencillamente, no existirían. Y que Dios está en nosotros, que nuestra esencia es parte de Dios, eso nos lo repitió Jesús hasta la saciedad; nos repitió que nosotros somos creadores, que con nuestra voluntad podemos modificar todo lo que llamamos materia porque somos los mismos que después, en el cielo, con la sola intención, podemos saber, conocer, desplazarnos, etcétera, según relatan los que han tenido la suerte de disfrutar de esa experiencia (y no son pocos, pero, según los «sabios», son fantasías, producto de cerebros anómalos o lesionados).

Cómo y por qué hace Dios las cosas así, esa es una pregunta que creo que no debemos hacernos ahora; después de abandonar la cárcel que es nuestro cuerpo, obtendremos todo el saber y todo el conocimiento que queramos con solo pretenderlo.

En resumen, ¿qué es amar a Dios?, ¿cómo se ama a Dios?: amar a Dios es amar su creación, toda.

Y, para poder amar a algo o a alguien, en primer lugar, tenemos que amarnos a nosotros mismos, ¡que también es amar a Dios!, y solo amándonos a nosotros mismos tendremos la capacidad de amar al resto de la creación. Y el que ama a Dios no le pide cuentas por sus desgracias, sino que las acepta y se pregunta qué le está queriendo comunicar Dios, qué enseñanza debe aprender.

Para finalizar este inserto, os contaré una anécdota: estaba un día hablando con un conocido y este me contaba la lista de sus desgracias y a cada momento exclamaba: «Si fuese verdad que Dios existiese, ¿cómo podría consentir que pasasen estas cosas? ¿No dicen que Dios es bueno?». También pronunciaba otros exabruptos que no reproduzco por irrespetuosos.

Le pregunto yo: Pero ¿tú crees en Dios?

Él: Pues sí, sí que creo en Dios.

Yo: Entonces, ¿tú crees que Dios ha creado al mundo, las estrellas y todo el universo?

Él: Pues sí, eso dicen y yo creo que sí.

Yo: Pues entonces, ¿cómo tú, microbio inmundo y casi imperceptible del universo, te atreves a pedirle cuentas al Creador de todo por un «quítame allá esas pajas», comparado con todo lo demás?

FIN DEL INSERTO (ME HE REPETIDO EN ALGUNOS ASUNTOS, PERO NO CREO QUE HAYA CONTRADICCIÓN ALGUNA).

Entended que no basta con ir a la iglesia a rezar cada día, postrarse ante el santísimo sacramento horas y horas, asistir a todos los oficios religiosos, darle una monedita al pobre que pide a la puerta de la iglesia. Todo esto se puede hacer, está bien; pero lo que nos pide Jesús es que vayamos un poco más allá en nuestro compromiso con Dios y que todo lo que pensemos, digamos o hagamos esté impregnado de caridad, de compasión, de amor al prójimo, porque ese prójimo es hijo de Dios y sus padecimientos los padece Dios, por lo que, si amamos al prójimo, de hecho, estaremos amando a Dios. Eso es lo que nos enseña el Evangelio («Cuanto hicisteis con esos pequeños lo hicisteis conmigo»).

En cuanto a la segunda parte del primer mandamiento: «Amarás al prójimo como a ti mismo», ¡esto tiene tela! Parece muy sencillo, pero habrá que verlo. Porque, en primer lugar, habrá que comprender aquello de «como a ti mismo». «Todos» damos por supuesto que nos amamos y ahí puede haber una confusión importante en muchas personas; porque amarse a uno mismo no es estar a la que salta, no es sentirse violentado y humillado cada vez que alguien nos reprueba o nos corrige, no es contestar a cualquier provocación, no es el «amor propio» tal como nos lo han enseñado, no es conseguir un puesto en la sociedad, aunque sea poco relevante, para sentirse un poco más arriba que otros. Tampoco se aman a sí mismos los que dicen de sí mismos que son humildes, o viven humillados, o se dicen a sí mismos que no valen nada, que se creen tan poca cosa que no se atreven a hablar con Dios cara a cara, además se creen merecedores de todas las desgracias y enfermedades; tampoco los que han confundido el «temor de Dios», que es respeto y veneración, con «temor de Dios» como miedo de/a Dios, como si Dios fuese alguien bueno/malo del que esperar castigos variados si por desgracia le ponen de mal humor y le enfadan (esto viene del A. T.). No se aman tampoco los que se critican a sí mismos cada vez que tienen un fallo. Estas personas no se aman enteramente a sí mismas, o se aman un poquito, o a ratos, o algunas veces, según las circunstancias. Porque todos estos comportamientos vienen del ego.

Amarse a uno mismo es otra cosa. Amarse es aceptarse tal cual es uno sin desvalorizarse ni despreciarse por lo que no nos gusta de nosotros mismos. Porque solo es posible el cambio a mejor desde la aceptación de lo que cada uno es. El que se ama a sí mismo tiene asumido que su cuerpo y su mente le pertenecen al ego y están a su disposición (del ego) para lo que quiera hacer. Y que para no caer en falta ha de estar en vigilancia permanente sobre los pensamientos de su mente, para poder elegir los que son convenientes para hacer el bien y por tanto están cargados de energía positiva y para desechar los que puedan hacer el mal y que por tanto están cargados de energía negativa. Se ama a sí mismo el que identifica al ego en cada pensamiento y actúa en consecuencia.

Os pongo un ejemplo práctico: es normal que conforme avanzamos en edad vayamos acumulando recuerdos sobre cosas que dijimos o hicimos o sobre cosas que no hicimos o no dijimos y que tuvieron como consecuencia un daño físico o moral para nosotros mismos o para otros. Los recuerdos están almacenados en la memoria del ego y, entonces, ¿qué sentido tiene que el ego nos los vaya recordando cuando menos lo deseamos? Muy sencillo, si observamos las emociones que siguen al aflorar el recuerdo, al hacerse presente: en primer lugar, desvío mi atención de lo que estoy haciendo y, si estoy haciendo algo y no pongo atención, puede que salga mal y seguro que después no lo voy a recordar porque no quedó fijado en mi memoria al estar mi atención desviada, y habrá problemas de desvalorización por no recordar. En segundo lugar, me voy a sentir mal, acongojado, culpable de algo que hice o dije o porque ni dije ni hice y, como ya no tiene remedio ni solución posible porque pertenece al pasado, este pensamiento repetitivo me está recargando de energía negativa y, si la emoción es intensa y se alarga en el tiempo, se va a somatizar en una determinada enfermedad que va a arruinar mi vida y entonces el ego tiene ganada la partida, se ha apoderado de mi voluntad.

También, si el recuerdo es molesto, intempestivo, recurrente y más, voy a intentar olvidarlo, mi cerebro inconsciente toma nota de que quiero olvidar y, como el inconsciente de nuestro cerebro no sabe de clasificaciones, ni bueno ni malo, ni este sí y aquel también, pero ese otro porque es placentero, no, digo que, como nuestro cerebro no entiende de clasificaciones, sí que va a olvidar, pero todo, en forma de enfermedad de Alzheimer u otra de similares consecuencias, y otra vez el ego ha ganado la partida, la del que quería olvidar y la de la familia que tiene que cuidar del desmemoriado, también.

¿Qué hacer para dar una solución adecuada para esas situaciones? Yo os pregunto: ¿cuál es el supremo acto de amor que podemos hacer nosotros, los humanos? Nos lo repite Jesús a lo largo del Evangelio: el supremo acto de amor es el perdón. Entonces, ¿habéis pensado alguna vez en perdonaros a vosotros mismos por todo aquello que os remueve la conciencia y os hace sentir mal? Es un acto poderoso y eficaz (¡ojo!, no sustituye al sacramento de la penitencia, instituido por Jesús y necesario para el perdón de los pecados). Para hacerlo, para perdonarte a ti mismo, vas a ponerte delante de un espejo y lo que ves allí no eres tú, es tu cuerpo, y le vas a hablar a tu cuerpo como si fuese el de otra persona. Tú, alma, le hablas a tu cuerpo y le vas a pedir lo que quieras, pero se lo vas a pedir tal y como nos lo recomienda Jesús que lo hagamos, con convicción y seguridad. Al principio te puede parecer ridículo, pero a poco que practiques y te acostumbres, lo harás como si rezases un padrenuestro, por decir algo. Le vas a decir al que está enfrente de ti, en el espejo: «¡Óyeme, tú [Pepe, Antonio, Juanita]! No quiero olvidar los recuerdos que me traes a la mente, pero quiero que los guardes en tu memoria y que no me molestes más con ellos». ¡Y lo va a hacer!

También, y teniendo presente que es el ego el que se encarga de traernos al presente todo aquello que pasó y que nos puede molestar, también le diremos al ego que nos deje tranquilos, que se vaya y que no nos moleste, incluso enfadándonos con él, porque es malo, es canalla, es un h. de p., y todo lo que pretende es malograrnos el día o los días. Como ya os dije en otra ocasión, el ego, en cuanto lo identificamos, cuando sabemos que un pensamiento, porque está cargado de energía negativa, viene de él, si lo descubrimos, pierde todo su poder sobre nosotros. El ego nos dice que nuestro cuerpo desea, pero, si nuestro nivel de «consciencia» es elevado, comprenderemos enseguida que no es nuestro cuerpo quien desea, el que desea es el ego por medio de nuestro cuerpo. Si lo entendemos, estamos salvados.

Es entonces cuando estaremos enamorados de nosotros mismos y tendremos la capacidad de repartir amor allí donde estemos. Nuestra sola presencia genera sentimientos amorosos entre los que nos rodean allí donde estemos. Como ya he dicho antes, estaremos en la «onda» de Dios y, como dice Jesús, «Todo lo demás se os dará por añadidura». Tened siempre muy presente que las personas más conflictivas son las que más amor y comprensión necesitan de los enamorados de sí mismos. Es entonces cuando de verdad se puede ser compasivo con el prójimo porque comprenderemos que en esas personas no hay maldad sino desconocimiento, y así podremos cumplir esa segunda parte del primer mandamiento.

¡Importantísimo lo de guardar en la memoria y no olvidar!

Otro aspecto muy importante de la segunda parte del primer mandamiento es el referido a esas personas que no fueron queridas y deseadas en el vientre de su madre. Estamos rodeados de ellos, parecen personas normales, como los demás, pero no lo son. Tampoco son todas esas personas iguales y también hay diferencias de comportamiento entre mujeres y hombres. Otro día os hablaré de este tema, es algo que las iglesias en general no tienen en cuenta, ni tampoco la psicología lo trata. Es por motivos culturales y de posicionamiento en unos casos, y de avance de la ciencia en otros. Tened en cuenta que, a principios del siglo pasado, la ciencia pensaba que los recién nacidos tenían el cerebro vacío, que a lo largo de su vida lo iban llenando de conocimientos y que el cariño de los progenitores los hacía amables. Ahora se sabe que el feto experimenta las emociones de la gestante, que en su inconsciente guarda, además de las experiencias de sus antepasados, desde el momento en que los padres decidieron tener un hijo, o si vino sin desearlo, hasta cómo nació al mundo; el parto de las mujeres ha cambiado algo, ya no se usan los fórceps, tampoco se le pega al recién nacido y se le hace llorar, ¡qué recuerdo le queda al recién nacido en su inconsciente de su entrada en este mundo «cruel» para toda su vida! Todavía se practican las cesáreas y los partos programados a conveniencia de los médicos y de la madre sin tener en cuenta si el bebé quería nacer o todavía no, y eso, el sacar al bebé del lugar donde se encuentra seguro y a gusto, será determinante para su vida de adulto. Vamos cambiando poco a poco, cuesta mucho dejar atrás métodos y comportamientos ampliamente aceptados que, aunque no hayan sido respaldados por la ciencia, sí que han sido asumidos como verdad por los que los ponen en práctica.

Los todavía no nacidos, los que todavía están en el vientre de su madre, también están incluidos en el mandamiento «Amarás al prójimo como a ti mismo». También son prójimo. En el A. T. se puede leer en algún sitio: «Recibirás con alegría los hijos que Dios te dé».

De todo esto, de los hijos nacidos no deseados, hablaremos más extensamente en otra ocasión. Es determinante para la humanidad.

SEGUNDO MANDAMIENTO
NO TOMARÁS EL NOMBRE DE DIOS EN VANO

Algunas referencias en el Evangelio sobre el segundo mandamiento:

Mateo 5, 33-37: También os han enseñado que se mandó a los antiguos «No jurarás en falso» y «Cumplirás tus votos al señor». Pues yo os digo que no juréis en absoluto: por el cielo no, porque es el trono de Dios; por la tierra tampoco, porque es el estrado de sus pies; por Jerusalén tampoco, porque es la ciudad del gran Rey; no jures tampoco por tu cabeza, porque no puedes volver blanco ni negro un solo pelo. Que vuestro sí sea un sí y que vuestro no sea un no, lo que pasa de ahí, es cosa del malo.

Mateo, 12, 30-37: El que no está conmigo, está contra mí; y el que no recoge conmigo, desparrama [es la definición perfecta del magnetismo de un imán, en el centro no hay atracción, o un polo o el otro; de nada vale el decir: «Yo no sé si hay Dios o no, pero lo dejo por lo que haya; la indiferencia, el no posicionarse». Tampoco vale: o perteneces a la energía positiva o a la negativa].

Por eso os digo: Se perdonará todo pecado y toda palabra que ofenda a Dios, pero la palabra que ofenda al Espíritu Santo no se perdonará.

El que hable en contra del Hijo del Hombre, será perdonado, pero el que hable contra el Espíritu Santo no será perdonado ni en esta vida ni en la otra.

Por eso os digo: a los hombres se les podrá perdonar cualquier pecado o blasfemia, pero la blasfemia contra el Espíritu no tendrá perdón. Es decir, al que hable en contra del Hijo del Hombre, se le podrá perdonar, pero al que hable en contra del Espíritu Santo no tendrá perdón ni en esta edad ni en la futura.

ALGUNAS REFLEXIONES SOBRE EL SEGUNDO MANDAMIENTO

Es pecado la blasfemia contra Dios y contra cualquier cosa sagrada en todas sus formas y denominaciones. Muchos tienen la costumbre de maldecir lo sagrado cuando encuentran una dificultad o un obstáculo en lo que están haciendo. Otros van intercalando blasfemias conforme van hablando o conversando. Son muchos los que constantemente maldicen a Dios y a las cosas sagradas; sus blasfemias «no dejan títere con cabeza», alcanzan a todo lo sagrado. También los hay que, sin blasfemar o maldecir, porque es soez y de poca educación, sacan burla, desprecian, menosprecian y ridiculizan a Dios, sus santos, sus ángeles, a las cosas sagradas y los ministros de la Iglesia y a los fieles. ¿Qué es lo que sucede cuando hablan así? Lo que pasa es que van atrayendo hacia sí energía negativa, entonces, cuando tienen mucha energía negativa, sus pensamientos, palabras y acciones están lejos de las enseñanzas de Jesús y, en consecuencia, van a atraer hacia sí enfermedades, accidentes y desgracias que en primer lugar las van a achacar al destino y, cuando estén desesperados, van a preguntar a voz en grito a los cuatro vientos que dónde está Dios que permite que pasen esas cosas, que, si tan bueno es Dios, por qué la maldad nos asola.

Pobres infelices, han blasfemado, maldecido y renegado de Dios y las cosas sagradas, y ahora le preguntan dónde está que no les ayuda.

Es como aquel hijo que va a su casa y maldice a su padre, lo maltrata de obra y palabra, le escupe, lo ridiculiza y después le pide dinero o la herencia. ¿Qué le va a dar el padre? Seguramente le regalará a cualquiera lo que tiene antes que dárselo al mal hijo.

Para ponerse en paz con su padre, ¿no tendrá que demostrar verdadero arrepentimiento y esperar el perdón para reconciliarse con él? ¿No tendrá el blasfemo que arrepentirse de corazón, cumplir con el sacramento de la penitencia y reconciliarse con Dios?

Jurar es poner a Dios por testigo de lo que se afirma o de lo que se niega. Por eso no debemos jurar, debemos evitar jurar a no ser que las leyes establecidas nos obliguen a ello. Poco hay que explicar sobre este mandamiento; nos prohíbe incluso que hagamos promesas que no tengamos intención de cumplir. ¿Tan grave es prometer algo que sabemos que no vamos a cumplir? Sí que es grave porque, como ya os he dicho antes, tanto las palabras como los pensamientos son energía, no se pierden, «no se las lleva el viento», quedan ahí, en el mundo energético. Recordad que Jesús nos dice: «El día del juicio los hombres darán cuenta de toda palabra falsa u ociosa que hayan pronunciado, pues por tus palabras te absolverán y por tus palabras te condenarán», Mateo 12, 36-37.

¿Tanto poder tienen las palabras que cuando se blasfema contra el Espíritu Santo no hay posibilidad de perdón? A día de hoy no soy capaz de precisar qué sucede cuando se blasfema contra el Espíritu Santo, pero ¡qué grave tiene que ser para que no haya perdón!

El Espíritu Santo es la mano de Dios, o su esencia, que lo envuelve todo y todo lo conecta entre sí y con el Creador; nada hay fuera de esa esencia, ¿no habéis oído decir que, hasta cuando cae una hoja de un árbol, Dios lo sabe? Nosotros podemos pedirle a Dios cuanto queramos; los cristianos sobreentendemos que vamos a pedir cosas buenas, pero ¿qué sucede en un momento de rabia o de furia? Pasa que somos capaces de pedir cualquier cosa, tanto buena como mala. Por suerte para nosotros, nuestras peticiones no se realizan enseguida, el universo se tiene que organizar para darnos o realizar el pedido o la petición y ese puede tardar entre uno y dos meses, tiempo más que suficiente para que, si la petición fue una maldición y un castigo para otros que nos han hecho daño, podamos reconsiderar la situación y anular el pedido, mediante la aceptación y el perdón por el daño o la ofensa e intentar reconocer en qué hemos fallado para atraer hacia nosotros aquello que tanto nos molesta. Recordad que, si estamos cargados de energía negativa, vamos a atraer hacia nosotros sucesos negativos. Recordad que fuera de nosotros no hay nada, todo está en nuestro interior. Yo entiendo, después de esta explicación, que ofendemos al Espíritu Santo cuando le pedimos que castigue y dañe a otras personas o a sus cosas. Hemos utilizado el poder de Dios para hacer el mal. El que tenga imaginación que piense en qué lugar se ha puesto.

Hay otra manera de tomar el «nombre de Dios en vano» que nosotros los humanos utilizamos continuamente sin apercibirnos de la gravedad, por desconocimiento. Os lo explico.

Según el A. T. «Dios se reveló progresivamente y bajo diversos nombres a su pueblo». El nombre que manifestó a Moisés indica que Dios es el ser por esencia. «Dijo Dios a Moisés: "Yo soy el que soy" o "yo soy el que es". Y añadió: "Así dirás a los hijos de Israel: 'yo soy' me ha enviado a vosotros. Este es mi nombre para siempre"» (Yahvé = 'Él es'). Ese nombre con el que se define Dios, «yo soy», lo dice todo. Él es todo. Todo está en él. Todo, y cuando digo *todo* es porque no hay nada fuera de él.

Entonces, cuando pronunciamos su nombre en primera persona, refiriéndonos a nosotros mismos, estamos suplantando a Dios, aunque no sea intencionadamente. No me atrevo a juzgar esa inconsciencia, pero os aseguro que tiene una gran carga de energía negativa. Os cuento mi experiencia personal.

En mi búsqueda de la verdad, cayó en mis manos un libro donde se enseña a construir frases con esas palabras en primera persona. No estaba seguro de que aquello fuera bueno, pero empecé a utilizarlas. Empecé a sentirme mejor, más animoso, todo salía a pedir de boca, tan entusiasmado estaba que incluso le enseñé a otra persona algunas frases para que las recitase diariamente. Unos dos meses después de estar recitando estas frases, las cosas empezaron a torcerse, en lugar de salir las cosas bien, empezaron a salir mal, incluso tuvimos grandes disgustos entre personas que no llegaron a extremos dramáticos porque, sabedor de que el fallo podía ser mío, puse sensatez y amor.

No comprendía qué había fallado, qué había hecho mal para obtener esos resultados tan desafortunados. Entonces me llegó la definición que os expuse al principio y me apercibí de que, en los Evangelios, Jesús, Dios, también se define como «Yo soy» y puede que nos advierta de lo negativo que puede ser para nosotros pronunciar esas palabras cuando, al describir el final de los tiempos dice: «Muchos vendrán en mi nombre y dirán "Yo soy"».

Desde entonces he proscrito esas palabras de mi vocabulario, simplemente digo: «Soy esto», «Soy aquello» o «Soy de aquí» o «Soy de allá» o «No soy».

Os he contado esta experiencia mía para intentar convenceros del poder de las palabras, de todas, y, en este caso, de las que no se deben pronunciar.

Os voy a dar un consejo para que lo pongáis en práctica: tomad un imperdible y os lo prendéis de la solapa de la chaqueta

26

u otro lugar donde lo tengáis a mano y cada vez que pronunciéis estas palabras, cogéis el imperdible y os pincháis la encarnadura de una uña. Os asombraréis de vuestra inconsciencia.

Tengo por cierto y totalmente asumido que mi alma viene de Dios, que soy su hijo y heredero. Jesús no se cansa de repetirlo, nos dice que «somos hijos de Dios y que él es nuestro hermano [Jesús]». Pero no somos Dios, no podemos querer ser él, ni siquiera inconscientemente.

TERCER MANDAMIENTO
SANTIFICARÁS LAS FIESTAS

Pocas referencias hay en el Evangelio sobre el precepto de santificar las fiestas. Sí que relata los numerosos incidentes en los que Jesús fue acusado de quebrantar la ley del sábado. Entendemos que Jesús nunca faltó a la santidad de ese día, pero despreció la rigidez y fanatismo con que los judíos hacían cumplir la observancia del sábado. Jesús se limita a decirnos que hay que santificar el sábado, pero sin descuidar hacer el bien.

Jesús nunca dejó de santificar el sábado, aunque tuvo muchos problemas con los judíos porque nunca dejó de hacer el bien en sábado. Dijo Jesús: «El sábado está hecho para el hombre, no se hizo el hombre para el sábado». Hacer el bien en día santo también es santificar las fiestas.

Loa apóstoles decidieron declarar santo el domingo porque ese día resucitó el Señor, que fue la apoteosis de su vida terrena. Además del domingo, también se deben santificar todas las fiestas, las de precepto de la Iglesia y los días que, como fiesta, designa el poder civil.

¿Qué es santificar las fiestas? La Iglesia nos pide oír misa entera todos los días de precepto, oyendo con atención al oficiante y participando de forma activa en los rezos. También nos pide que no trabajemos esos días si no es necesario o por el bien común.

Muchas cosas se pueden hacer en días de fiesta, fines de semana, puentes o vacaciones además de ir al templo a orar cuando sea por obligación o *motu propio*. No voy a hacer un listado de en qué podemos ocupar esos días porque cada cual o cada familia tienen sus propios proyectos, pero voy a exponeros alguna actividad que sí sería conveniente realizar.

Por ejemplo, «visitar a los enfermos». No es algo que se deba hacer por cortesía, que también, pero hay otra vertiente, desconocida por casi todos. Si no, ¿por qué en las obras de misericordia se contempla la visita los enfermos y también en las bienaventuranzas? Os he hablado ya bastante de que nuestro cuerpo acumula energía, positiva o negativa, pero necesariamente acumula; y también despide esa energía, de las dos clases, o sea, que el flujo de energía es continuo, admitimos y despedimos energía de manera continua, pero somos inconscientes de esa facultad, no nos percatamos de ello.

Pero estad atentos: cuando visitéis a un enfermo convaleciente y estéis un buen rato a su lado, después, al salir de la habitación, es probable que os sintáis un poco desfallecidos y el enfermo parece que se siente un poco mejor. El enfermo va a pensar que es su alegría por vuestra visita, le hemos reconfortado y animado de palabra; y vosotros vais a pensar que salís mal de allí por ser conscientes del estado del enfermo, de su gravedad, de lo penoso que es verle en aquella situación.

Lo que ha ocurrido realmente es que ha habido una doble transferencia de energía, negativa del enfermo a vosotros, que la vais a despedir pronto, porque no estáis en la «onda» de pensamientos y emociones negativas del enfermo y, por lo tanto, no os va a afectar, y positiva de vosotros al enfermo, el cual, al sentirse mejor, más animado, puede que realmente mejore al verse en una situación de mejoría de su enfermedad, o sea, que si el enfermo se siente mejor, eso es energía positiva que mejora su enfermedad y también puede que cambie la percepción que tiene de su propia enfermedad y, como en los dos casos es energía positiva, ¡realmente mejore! He tenido varias experiencias de este tipo y puedo asegurarlo y confirmarlo.

Pero hay más. Si, cuando estamos con el enfermo y nos cuentan y nos hablan de sus sufrimientos, o incluso sin estar en presencia del enfermo, sentimos compasión por él, le transferimos tal cantidad de energía positiva, que incluso podemos hacer el milagro de sanarlo. O al menos de mejorarlo. Hablo de verdadera compasión, no hablo de pena, de dolor o de lástima sino de compasión. Pienso que es un don de Dios, porque no es fácil sentir esa emoción.

Pero, atención, la compasión no es empatía, no es sentirse cómplices del dolor del enfermo, no es sentir como propio su dolor, porque entonces lo que va a ocurrir es que nosotros nos vamos a poner enfermos de verdad, ha habido tal cantidad de energía trasferida del enfermo hacia nosotros que nos deja tocados; hay casos documentados así y casos en que la gente los ha visto en conocidos y que después lo han contado.

Muchas veces os he dicho que la casualidad no existe, que todo lo que nos sucede es para que aprendamos, para que elevemos nuestro nivel de *consciencia*, en ese caso, el enfermo debe tomar conciencia y preguntarse «¿Para qué me ocurre esto? ¿Qué debo aprender?». Recordad que la pregunta correcta no es «¿Por qué?», si preguntamos el porqué, esperamos que alguien nos responda, esperamos que alguien nos dé la solución a nuestro problema y, como ya os he dicho, las respuestas a nuestras preguntas están todas en nuestro interior, entonces la pregunta correcta es «¿Para qué?». Y nosotros mismos obtendremos la respuesta. En nuestro interior. Tenemos que insistir sin desfallecer. Deberíais intentar practicar la compasión, pensar en el dolor del enfermo y concentrar vuestro pensamiento para sentir esa emoción.

En nuestra semántica, *lástima* no es sinónimo de *compasión*. Sentimos lástima cuando a alguien le ocurre una desgracia que nosotros no podemos remediar: «Se le ha incendiado su casa y ha perdido todo lo que tenía dentro, ¡qué lástima!», «Ha perdido un décimo premiado y no lo encuentra, ¡qué lástima!», otro dirá: «¡Qué lástima no habérmelo encontrado yo!». La lástima no es un sentimiento noble, la compasión sí que lo es.

El Evangelio nos dice indistintamente que Jesús sentía lástima o compasión. Jesús «sentía compasión por ellos y les curaba de sus sufrimientos».

Visitar a los enfermos se puede hacer cualquier día de la semana y a cualquier hora, pero ¡qué forma más bonita y amable de santificar las fiestas!

La moral cristiana nos enseña a santificar las fiestas ocupándonos de amar a Dios, al prójimo y nosotros mismos.

ANEXO TERCER MANDAMIENTO
ALGUNAS REFLEXIONES SOBRE VISITAR A LOS ENFERMOS

Os diré algo más sobre las relaciones entre nosotros y los enfermos.

Cuando a un enfermo se le pregunta cómo está, cómo va su enfermedad, se le hace cualquier comentario sobre su estado de salud o se le pregunta qué piensa él de su enfermedad y cuál es su estado de ánimo, ¡atención!, la respuesta del enfermo tiene que ser positiva y optimista en toda circunstancia, igual que su actitud frente a su enfermedad o dolencia: «Estoy mejor, en dos meses voy a estar bien», etcétera. ¿Qué está pasando? Que, con sus pensamientos y frases optimistas, atrae hacia sí energía positiva que le va a ayudar en su recuperación. Si, por el contrario, la percepción que el enfermo tiene de su dolencia, los pensamientos que tiene sobre ella y las palabras con que los expresa son pesimistas, lo que hace es atraer energía negativa hacia sí, y la enfermedad va a tardar mucho más en desaparecer y la recuperación va a ser más larga y costosa. Lo que realmente debe hacer un enfermo es hablar lo menos posible de su enfermedad, sin darle importancia, aunque la tuviese, y lo que de ninguna manera debe hacer el enfermo es «luchar contra la enfermedad», porque toda guerra contra el ego está perdida de antemano.

Lo que debe hacer el enfermo con total seguridad es, en primer lugar, aceptar su enfermedad, dolencia, consecuencias del accidente o lo que le pase: «Acepto el cáncer que me han detectado», «Acepto tener la pierna rota», «Acepto la bronquitis que he desarrollado», etcétera, ese es el primer paso. El segundo paso es preguntarse e indagar en su memoria en qué pensamiento negativo o pesimista y la subsiguiente emoción con la que estaba entretenida su mente; por ejemplo: para un cáncer pueden ser de tres a seis meses de sostener una fuerte emoción negativa; para un accidente, pueden ser desde unos minutos hasta unos pocos días; para una bronquitis de un día a una semana (es un cálculo aproximado, no es igual para todas las personas, depende de la intensidad de la emoción negativa). Una vez aceptada la enfermedad y diagnosticada la emoción que la provocó, lo siguiente que va a hacer el enfermo es deshacer aquella emoción negativa perdonándola, si es que la emoción negativa la provocó un suceso exterior, también perdonándose el enfermo por dejarse atrapar por aquella emoción negativa.

Si se procede correctamente, si la emoción positiva que desencadenamos tiene como mínimo la misma intensidad de energía que la emoción negativa que provocó la enfermedad o el accidente, la enfermedad desaparecerá, ya no tiene razón de ser al no haber ya emoción negativa que la provoque ni energía negativa que la sustente. Tampoco habrá dolor físico, porque al desaparecer el dolor emocional que lo provocó, el dolor físico ya no tiene razón de ser. Cuanta más rabia, más ira, más odio, más intensamente negativo fue el dolor emocional que provocó el accidente o enfermedad, más intenso será el dolor físico del afectado y, si neutralizamos el dolor emocional y lo disolvemos, el dolor físico desaparecerá de la misma manera y proporción.

¡Fantástico! ¿No?

Otra cosa que no debemos hacer en lo posible, más allá de la noticia, es hacer comentarios sobre la enfermedad de alguien (si está enfermo, lo sentimos por él y por su familia, esperemos que se cure pronto) y poco o nada más hay que añadir porque, de lo contrario, si pensamos o decimos que no tiene remedio, que de esa enfermedad no se salva nadie o que, si se salva, va a quedar muy mal, que para quedar mal más vale que fallezca, lo que estaremos haciendo es enviarle energía negativa que va a dificultar su curación o recuperación.

El cotilleo, los chismorreos, como los juicios y la lástima, son palabras o sentimientos negativos y en nada van a ayudar al enfermo. La compasión, sí que ayuda.

No todos los enfermos crónicos son iguales ante su enfermedad. Los hay que al estar enfermos reciben el apoyo, la ayuda, el cariño, la compañía de familiares, amigos y vecinos; esa situación les da seguridad, se sienten acompañados y por lo tanto seguros. Otros hacen de su enfermedad el *leitmotiv* de su vida. Cuando hablan de su enfermedad, la desmenuzan y se explayan en explicaciones; y el que escucha no siente compasión por estas personas sino lástima porque intuye que no quieren curarse, que puede que quieran estar enfermos, pero sin las molestias y los condicionantes de su enfermedad.

A veces se presenta otra situación muy curiosa: hay personas que tienen grabado a fuego en su memoria fechas de accidentes o enfermedades, de operaciones quirúrgicas, de nombres de cirujanos, de médicos o de especialistas varios, etcétera. No son conscientes de que, cada vez que traen a su mente esos recuerdos que ya pasaron, hay una recarga de energía negativa que en nada les va a ayudar en su vida actual. Porque esos recuerdos, por lo general, son tristes, y si, cuando acaeció el suceso, ya fue triste y doloroso, ¿para qué recordarlo ahora? ¿Para ponerse triste otra vez?

Yo puedo decir que tengo una determinada enfermedad, pero a continuación os diré que estoy en buenas manos o en el camino correcto para mi recuperación.

Para llegar a ese punto hay que elevar nuestro nivel de consciencia algo más arriba de lo que lo tenemos ahora.

En cuanto a los hospitales y especialistas o médicos en general, cuando se acude a ellos por algún problema de salud, debes tener la completa y absoluta seguridad de que te van a atender de la forma más profesional y humana posible, de que no van a escatimar cuidados y recursos para sanarte porque, si vas con dudas e intentando adivinar en qué te van a fallar, la has fastidiado, porque con tus dudas y recelos estás induciendo al personal que te tiene que atender a que se equivoque y después dirás que estabas en lo cierto para tener dudas y estar prevenido. ¡Porque tú lo has propuesto así! ¡Y se te cumple!

(Es un pobre resumen sobre un tema del que se podría escribir un libro).

CUARTO MANDAMIENTO
HONRARÁS A TU PADRE Y A TU MADRE

Mateo 15, 3-6: Él les replicó: «¿Y se puede saber por qué os saltáis vosotros el mandamiento de Dios en nombre de vuestra tradición?» Porque dijo Dios: «Sustenta a tu padre y a tu madre y quien deja en la miseria a su padre o a su madre tiene pena de muerte». En cambio, vosotros decís que el que declara a su padre o a su madre: «Los bienes con los que podría ayudarte los ofrezco al templo», ya no está obligado a sustentar a sus padres; así, en nombre de vuestra tradición, habéis invalidado el mandamiento de Dios.

Marcos 7, 8-13: Saltáis el mandamiento de Dios para aferraros a la tradición de los hombres. Y añadió: ¡Qué bien! Echáis a un lado el mandamiento de Dios para plantar vuestra tradición. Porque Moisés dijo: «Sustenta a tu padre y a tu madre y el que deje a su padre o a su madre tiene pena de muerte», en cambio vosotros decís que si uno le declara a su padre o a su madre: «Los bienes con los que podría ayudarte los ofrezco en donativo al templo», ya no le permitís hacer nada por su padre o por su madre, invalidando el mandamiento de Dios con esa tradición que habéis trasmitido; y de esas hacéis muchas.

ALGUNAS REFLEXIONES SOBRE EL CUARTO MANDAMIENTO

Es explícito el cuarto mandamiento: hay que respetar y por lo tanto amar siempre a nuestros padres; obedecerles cuando estamos bajo su protección y cuidarlos, y protegerlos cuando ya no se valgan por sí mismos o cuando por circunstancias especiales necesiten de la ayuda de los hijos. A partir de este enunciado, en cada caso y en cada familia se van a dar unas circunstancias especiales.

Desde mediados del siglo pasado, el concepto de familia fue cambiando paulatinamente hasta convertirse en un gran problema social para los cristianos.

Una pareja se casa y tiene dos hijos y, tras cinco o seis años de matrimonio, se divorcian, dos años después se vuelven a casar con un divorciado o con una divorciada, que también aportan hijos de un matrimonio anterior; como el nuevo matrimonio «se ama tanto», deciden tener hijos en común. Entonces, cuando estos hijos tengan que honrar a sus padres, ¿a qué padres escucharán, ayudarán, cuidarán y honrarán? ¿Qué aprecio van a tener a sus padres esos hijos a los que un día, por egoísmo, dejaron en la estacada? ¿Qué recuerdo les queda en su memoria y en su inconsciente de la separación de sus padres? ¿Les perdonarán la tristeza y el dolor que les causaron al ver que sus padres se peleaban y deshacían el hogar donde ellos crecían seguros y confortables, arropados por el cariño de sus padres? La memoria olvida, pero al inconsciente le queda grabado a fuego la tristeza y el dolor. Después, cuando los padres necesiten la ayuda de los hijos, como han crecido en hogares egoístas, van a decirles a sus padres que se apañen como puedan, que ellos tienen ahora los mismos problemas que tuvieron ellos y no les pueden atender. Estos hijos no van a honrar a sus padres. La excepción será que haya algún hijo que se haga cargo de sus padres. Los hijos que han visto cómo sus padres cuidaban de sus abuelos en casa con amor y paciencia y hasta su defunción tienen en su inconsciente grabada también la necesidad de cuidar de sus padres; que lo hagan o no, va a depender, además de su voluntad, de las circunstancias que vivan.

Este mandamiento abarca también, además de a los padres, a tíos, abuelos y otros familiares; si los padres lo tienen difícil que los cuiden, los demás la llevan clara. Los poderes que nos manejan han creado una sociedad consumista y hedonista cuyo lema es: «Lo que es bueno para mí, es bueno para todos y al que no esté conforme, que le den», egoísmo puro y duro. ¿Cómo van a sacrificar su tiempo por unos viejos que no sirven para nada? Ya hay una parte de la sociedad que está pidiendo la eutanasia activa. Todo es cuestión de tiempo. De hecho, la eutanasia activa ya existe para los no nacidos; a los que están en el vientre de su madre, como no se les oye llorar, gritar o protestar y tampoco votan, que la que vota es la madre, se les mata impunemente. Vendrá día en que las mascotas (perros y gatos) tendrán más derecho a la vida que los humanos. Ya vamos por ese camino. Habéis visto cómo los animalistas desprecian a los humanos y se desviven por los animales, pero porque les ven la sangre o los oyen quejarse; si al pisar un caracol pegase un grito o un aullido o le saliese sangre, estaría prohibido matar caracoles. ¡Qué raros somos los humanos! Tiene su explicación, algún día os lo diré.

Aparte de los padres y otros familiares, la Iglesia también ha metido en el mismo saco de los que se deben honrar a educadores, maestros, autoridades, jefes y a todo aquel del que uno dependa para su desarrollo, subsistencia y seguridad.

Cuando se pierde el respeto a los maestros y educadores, a algunos porque así se lo piden a los alumnos, porque es muy «progre» que el alumno trate al maestro de tú y como si fuese un compañero de juegos y juergas, y así, cuando al alumno le vienen cuesta arriba las notas, puede chantajear al maestro o llamar a sus padres para que le cante «las cuarenta» o le estropea el coche o, si lo cree conveniente, le soltará un sopapo. Estos son una minoría, gracias a Dios, pero marcan tendencia; pero todos están sujetos a las leyes de protección del menor, padres y educadores. Y, ¿acaso no sabe el menor y es consciente de cuándo ha dicho o hecho algo que no debía? Claro que lo sabe, igual que sabe que ni en casa ni en la escuela nadie le va a castigar físicamente. Y entonces, ¿alguien piensa que ese hijo o hija que no ha sido educado en el respeto va a honrar a sus padres cuando lo necesiten? ¡Ilusos! Construyamos asilos y residencias para los futuros mayores igual que hemos construido guarderías para los pequeños. Hemos visto que la mayoría de los padres y los profesores están fuera del saco.

También estaban en el saco las autoridades civiles, los políticos. ¡Cuántas veces el espectáculo que dan con sus salidas es bochornoso! Ya nos estamos acostumbrando a oírlos soltar ordinarieces, chabacanerías, insultos, juicios temerarios y descalificaciones que alcanzan a todos, desde las instituciones y las enseñas del Estado, nación o república y acabando con el último concejal. Es una tendencia que en estos últimos años va en aumento, ¿quién los va a respetar? ¿Se merecen que alguien los respete? Algunos son mentirosos compulsivos, ¿cómo voy a respetar al que me engaña sin ningún pudor? Si le respeto, voy a pensar de mí mismo que soy tonto de remate porque se está burlando de mí. Las autoridades se van sacando del saco unos a otros cada vez que nos demuestran que son corruptos, mentirosos, indignos de nuestro aprecio y sumisión a sus dictados. El noventa y nueve por ciento, ¡fuera del saco!

Nos quedan en el saco, entre otros, el ejército y las fuerzas de seguridad. Aunque no todo es trigo limpio, nos conviene respetarlos y darles confianza porque de ellos y de la justicia, que también está en el saco, depende el que estemos seguros y podamos ejercer nuestros derechos como ciudadanos. Los dejamos en el saco porque, si los analizamos individualmente, algunos se merecen cuanto menos el destierro.

La Iglesia también puso en el saco de los que hay que honrar a todos sus miembros. Me parece bien, estoy de acuerdo, pero hay un uno o dos por ciento que habría que expulsarlos por desprestigiar la institución a la que prometieron servir. Es lo mínimo que habría que hacer y a los que los protegen también; y a los que están ahí y no tienen vocación, también; y a los que se aprovechan de la institución para vivir «a cuerpo de rey», también. Si sigo, van a quedar pocos en el saco, «La mies es mucha y los obreros pocos», dejémoslo ahí.

También están en ese saco desde los presidentes y ejecutivos de las grandes corporaciones, grandes empresas multinacionales y nacionales, pequeñas y medianas empresas, hasta los autónomos con un solo operario. A todos se les debe, al menos, respeto, porque de ellos depende nuestro sueldo y el bienestar de nuestra familia. Pero, descontando a la mayoría de los empresarios que trabajan codo con codo con sus empleados, ¿estáis seguros de que todos los demás se han ganado el respeto de sus subordinados y del resto de los ciudadanos? Yo personalmente los sacaría del saco a casi todos. A algunos de estos ejecutivos no les importa arruinar a medio mundo si el resultado es beneficioso para sus empresas. Tal como plantean sus negocios las multinacionales, van exprimiendo los beneficios de los que están en los últimos eslabones de la cadena del comercio; los que están en el último eslabón, los que tratan con los compradores, acaban asumiendo todos los costes de la distribución. Los fabricantes han calculado su propio margen de beneficio y les dejan al distribuidor y al vendedor unos márgenes tan ridículos que un pequeño resbalón financiero les puede dejar en la ruina. ¿Qué pasa? Pasa que la clase media y la pequeña burguesía van desapareciendo; están dividiendo la sociedad en dos estamentos diferenciados: por la parte de abajo están los que viven subvencionados, los que tienen un sueldo de hambre y lo que les falta lo sacan en negro, los mileuristas que son la inmensa mayoría de los que tienen empleo, los falsos autónomos y los autónomos de verdad, y los pequeños empresarios, cuyos negocios penden de un hilo, están que si caen o se aguantan; después están las cada día menos abundantes empresas medianas que subsisten con contratos de miseria y que, cuando se ven ahogadas, son compradas por las grandes cadenas de distribución y las multinacionales. Decidme: ¿sacamos del saco a los que están arriba? Yo creo que sí, que los tenemos que sacar, no se merecen nuestro respeto.

Otros que están en el saco de los que debemos honrar son los profesionales de la sanidad. Nos pasa con ellos lo mismo que con la policía o la justicia; dependemos de ellos para nuestra salud y bienestar físico; y, como en todas partes, también hay una minoría que desprestigia la profesión. Y junto con los profesionales de la salud también están los que no son profesionales de la salud, sino empleados sin contacto directo con los pacientes que viven a cuerpo de rey a base de huelgas una tras otra, a esos los sacaba del saco a casi todos y los ponía al sol.

¿Queda en el saco alguien más que debamos honrar?

Hay otro aspecto del cuarto mandamiento que, a mi parecer, habría que dejar claro: ese mandato de «obedecerás a tus padres», puede ser controvertido. Si los padres les piden a los hijos que hagan o digan algo que va contra la moral cristiana, que desobedece alguno de los mandamientos, ¡habrá que llevarles la contraria! ¿O no? Habrá que demostrarles y convencerlos de que están equivocados.

También están las lealtades familiares. Nuestros padres nos trasmiten información que pueden haberla recibido de sus antepasados o también pueden haberla desarrollado ellos mismos. Por ejemplo, el abuelo era zapatero, el padre es zapatero y el hijo quieren que sea zapatero. El abuelo fue militar, el hijo fue militar y ahora quieren que el nieto siga los pasos de la familia y que sea militar. El abuelo tuvo cáncer, el padre tiene cáncer y el nieto está esperando a ver cuándo le detectan un cáncer. Porque está en los genes de la familia que eso suceda así. Es la tradición familiar asumida por sus miembros; y, como está asumida, así va a suceder. Otro tipo de lealtad familiar son las conductas en la familia y frente la sociedad; si un padre o una madre son inseguros, que son personas que siempre están esperando que suceda algo malo, que se toman muy en serio que la ley de Murphy se aplica siempre, que tienen que tener mucho dinero ahorrado «por si acaso», que son tacaños porque siempre se sienten necesitados y pobres aunque tengan en las libretas de banco dinero que no saben qué hacer con él. Esos padres le van a trasmitir a sus hijos sus propias necesidades, su propia inseguridad y a base de repetirles sus miedos y sus carencias, van a transformar a un hijo que nació seguro y abundante en un miserable como ellos.

Si los hijos no son coherentes con sus inclinaciones a cualquier ocupación que intuitivamente les agrade y complete como personas, van a generar sufrimiento para ellos y para cuantos con ellos se relacionen. Los padres quieren lo mejor para sus hijos, nadie lo duda, y por eso intentan que sus hijos sigan sus pasos para que no tengan que pasar por las necesidades y sinsabores por los que ellos pasaron; los hacen esclavos de las experiencias que ellos tuvieron y no se dan cuenta de esa circunstancia. Por eso los hijos deben cortar con esa programación tan dañina para su progreso personal que sus padres les han transmitido. Por el contrario, unos padres que toman decisiones después de sopesar los pros y los contras con sus hijos y se mantienen firmes están educando a sus hijos; unos padres que respetan a los demás y enseñan a sus hijos a comportarse con respeto hacia los demás están educando a sus hijos; unos padres que cuidan con cariño y esmero a sus progenitores y familiares necesitados están educando a sus hijos; unos padres que no mienten ni maldicen ni blasfeman están educando a sus hijos. Unos padres que no demuestran envidia ni rencor están educando a sus hijos. Si cuando un hijo se merece un correctivo, los padres lo llaman aparte y le dan la lección que necesita, están educando a sus hijos; por el contrario, si lo abochornan delante de otros, aunque sean sus hermanos, el recuerdo que le queda a ese hijo, en el consciente y en el inconsciente, hará que, cuando los padres necesiten su ayuda, les dé de lado y no los atienda porque no le educaron correctamente.

Y los hijos tienen que saber diferenciar las actitudes cargadas de energía negativa de las actitudes cargadas de energía positiva, y si eso se lo enseñan los padres, estos padres estarán educando a sus hijos para desenvolverse a la perfección en un entorno que no va a ser fácil; y si, además de todo lo anterior, los padres han enseñado a sus hijos a vivir de su trabajo, habrán educado personas que servirán para sí mismos y para la sociedad.

«Honrad a vuestros padres» sí, pero, padres, «no exasperéis a vuestros hijos» no sea que pierdan la paciencia, y el cariño que os tienen también lo vayan perdiendo. Lo que ocurra después será únicamente responsabilidad vuestra. Solo si vuestros hijos tienen un nivel de consciencia muy alto, serán capaces de veros tal cuales sois, si estáis alejados de la sabiduría que nos da el Señor, entonces os perdonarán y no tendrán en cuenta vuestros agravios y ofensas. Si tienen un elevado nivel de consciencia, ni siquiera tendrán que perdonaros. Habrán comprendido que no hay culpa ni maldad, solo ignorancia.

QUINTO MANDAMIENTO
NO MATARÁS

Algunas referencias en los Evangelios sobre el quinto mandamiento:

Mateo 5, 21-22: Os han enseñado que se dijo a los antiguos: «No matarás, y si uno mata será condenado por el tribunal». Pues yo os digo: «Todo el que trate con ira a su hermano, será condenado por el tribunal; el que lo insulte, será condenado por el consejo; el que lo llame renegado, será condenado al fuego del quemadero».

Mateo 19, 19: Jesús le contestó: «No matarás, no cometerás adulterio, no robarás, no darás falso testimonio, honra a tu padre y a tu madre y ama a tu prójimo como a ti mismo».

Marcos 10,19: No mates, no cometas adulterio, no robes, no des falso testimonio, no defraudes, honra a tu padre y a tu madre.

Lucas 9, 54-56: Al ver esto, Santiago y Juan, discípulos suyos, le propusieron: Señor, si quieres, decimos que caiga un rayo y acabe con ellos. Él se volvió y les regañó y se marcharon a otra aldea.

Algunos añaden: y dijo: «No sabéis de que espíritu sois vosotros, porque este Hombre no ha venido a perder a los hombres sino a salvarlos».

ALGUNAS REFLEXIONES SOBRE ESTE MANDAMIENTO

Todos apreciamos nuestra vida y todos debemos apreciar la vida de nuestro prójimo como amamos la propia, o como se supone que la debemos amar, puesto que el no amar la propia vida, podría conducirnos al suicidio.

Desde siempre, las sociedades humanas se han protegido de los individuos que han resultado peligrosos para las personas que las integran; normalmente eliminándolos, quitándoles la vida; también desde tiempos más recientes, privándoles de libertad hasta su muerte y más recientemente solo con unos pocos años de cárcel o, si pertenecen a una facción con poder político o militar, obtendrán de la justicia penas muy leves con referencia al daño causado e incluso podrán ser amnistiados sin que haya sido necesario el arrepentimiento. Esa es la realidad social que se vive actualmente.

¿Por qué se mata? En primer lugar, todo individuo que le quita la vida a un hermano tiene a Satanás al mando del timón de su razón, de su persona.

Lo explican los Evangelios: En Juan 13,2 dice: «Estaban cenando. El diablo le había metido ya en la cabeza a Judas, hijo de Simón Iscariote, entregar a Jesús».

Y en Juan 13, 26-27, Jesús le contestó: «Es ese a quien le voy a dar yo este trozo de pan mojado». Y mojando el pan en la salsa, se lo dio a Judas, el de Simón Iscariote. Y en aquel momento, detrás del pan, entró en él Satanás. Jesús le dijo: «Lo que vas a hacer, hazlo enseguida».

La elección de Judas no es casual, en otro lugar del Evangelio se dice que Judas tenía a su cargo la bolsa del dinero y que robaba de ella lo que quería. Judas no era trigo limpio y venía con una parte del camino andado, si robaba, tenía a un demonio dentro y, cuando Jesús le da el pan mojado, entra en él Satanás, jefe supremo de los demonios, el que más poder tiene sobre un humano. Por eso digo que todo aquel que mata a un hermano tiene poseída la razón por el maligno. Y no importa quién sea, si el jefe de una nación o el de un ejército, si un agente del orden o el vecino de arriba, si un papa, un obispo o un cura que aprueba el asesinato, o cualquier humano que le quite la vida un semejante. «Todos» tienen a Satanás al mando de su razón. «Todos» han incumplido el mandamiento del A. T. y que después Jesús confirma.

Jesús y los primeros cristianos expulsaban los demonios de aquellos que tenían fe para sanarse, pero pasó el tiempo y aquel poder de sanación desapareció y aquellos hombres tuvieron que tomar medidas, contundentes y ejemplarizantes, para que el que tuviera en la cabeza el matar a alguien se lo pensase dos veces. Y así hasta hoy, y se continúa matando.

Pero Jesús va más allá en el concepto de matar y nos dice: «Todo el que trate con ira a un hermano, lo llame imbécil o lo trate de renegado, ya lo está matando».

¿Por qué esa contundencia en condenar actitudes tan cotidianas cuando nos enfadamos? Tiene razón Jesús. Porque, cuando insultas o desprecias a alguien, lo que estás haciendo, consciente o inconscientemente, es rebajarlo en su autoestima para que se sienta unos escalones más abajo que tú. Quieres sentirte superior a él y que él se sienta inferior a ti. La causa que ha desencadenado esa reacción tuya no tiene importancia, esa causa ha hecho que tu ego se sienta ofendido y se defienda humillando al otro. Ya no sois hermanos en Jesús. Te sientes autorizado a actuar con violencia, verbal o física, contra el que ha tenido el atrevimiento de oponerse a ti.

Pero Jesús quiere que pensemos, que observemos cómo reaccionamos nosotros ante palabras o hechos de nuestros semejantes, mejor expresado, ante qué palabras o hechos, y que observemos a los demás cómo reaccionan ante nuestras palabras y nuestras acciones, que nos percatemos de lo que sucede en nuestro inconsciente porque es desde nuestro inconsciente desde donde estamos matando moralmente al que nos hemos enfrentado a él y lo hemos convertido en un enemigo.

Pero hay más. Según las leyes naturales de atracción-refracción, la pregunta correcta que nos debemos hacer ante una situación así es «¿Qué he pensado, qué he hecho o qué he dicho yo para atraer hacia mí la ira de un hermano?». También, ¿qué pienso yo de mí mismo, o cómo me veo yo a mí mismo para que un hermano me lo recuerde? De esas preguntas se desprende un aforismo que dice: «Nadie puede ser atacado si no cree que puede ser atacado», o sea, que si alguien me hace daño, de cualquier manera, es porque yo, de manera consciente o inconsciente, he atraído hacia mí el que un hermano, exponiéndose a mi reacción, por lo general violenta, haya venido a recordarme aquello que yo, creyendo que es mi secreto, guardo en mi inconsciente. El aprendiz que llegue a experimentar y comprender lo que acabo de decir, habrá subido unos cuantos escalones en su nivel de consciencia y su libertad será mayor.

Recordad lo que nos dice Jesús: «No hay nada tan secreto que no pueda saberse, ni nada tan escondido que no pueda verse» Y también: «La verdad os hará libres».

Hay otra manera de matar. Es el aborto, también llamado eufemísticamente «interrupción voluntaria del embarazo», como si al nombrarlo así el cargo de conciencia fuese menor. La sociedad actual, generalizando, es egoísta y hedonista. La búsqueda y disfrute del placer corporal es la meta de todo individuo. Hay justos, sí, pero en general, esta sociedad ha sobrepasado a Sodoma y Gomorra, porque tiene todos los medios y posibilidades al alcance de la mano; y no paran en medios para conseguir exprimir su cuerpo. Pero vosotros sabéis que nuestro cuerpo nunca, en ningún aspecto, tiene una sola satisfacción que sea definitiva, que es esclavo de sí mismo y también sabéis que el que habita en ese cuerpo, el ego, una vez obtenido el placer, va a pedir más y nunca va a reconocer esa dependencia, esa esclavitud. El ego ha conseguido que el individuo se identifique con su cuerpo y que el alma no cuente para nada, como si Dios no existiese para esa persona, solo hay ego y materia. Y puede suceder que, en un descuido en el éxtasis del placer, venga el embarazo no deseado porque interrumpe el modelo de vida que llevaba la embarazada. Si sigue adelante con su embarazo, su vida va a ser difícil, va a tener que dar explicaciones y, si es promiscua, quizá ni sepa quién es el padre; si nace la criatura, tendrá que trabajar para verle crecer como persona y ya no podrá gastar para sus caprichos y sus placeres el dinero que obtiene. ¿Qué hacer? Lo más práctico es quitar de su cuerpo aquello que sabe que va a condicionar su futuro. Y entonces viene la muerte, la muerte del no nacido.

Para esa mujer que ha matado a ese nuevo ser que llevaba en sus entrañas, ese acto será después un cargo de conciencia para el resto de su vida, pero el daño ya está hecho. Son muchas las que abortaron y después se arrepintieron. Hasta hace relativamente poco, un aborto era casi imposible; en el pasado siglo los médicos desarrollaron sistemas para hacerlo de manera segura para la madre; y el abortar parece que se ha vuelto tan sencillo como curar un resfriado. Y se hacen leyes para que se pueda matar legalmente al no nacido. Al principio, la madre y el feto tenían que reunir unas condiciones o circunstancias especiales y, más adelante, conforme pasan los años, se irán ampliando esas condiciones o circunstancias para que, a cuantas más mujeres se dé satisfacción, mejor. Para los que hacen las leyes, la madre vota, el no nacido no vota. Hay gente que, cuando ve la sangre de un animal o cuando ve o sabe que se ha matado a un animal, cuando oyen a un animal chillar o bramar porque va a morir, se suben por las paredes, pierden la cordura y arremeten contra todo aquel que no lo siente como ellos y piden leyes para que se castigue a los que tuvieron el atrevimiento de hacer daño a un animal. Cuando un médico mata a un no nacido y lo extrae de las entrañas de su madre, como no se le oye y su cuerpo solo lo ve el médico, no pasa nada, ¡qué sociedad más hipócrita! No hay que maltratar a los animales, nunca he maltratado a un animal, pero nunca un animal debe tener más dignidad que un humano. No es bueno para la humanidad el tratar a los animales mejor que a los humanos, ni se deben humanizar los animales.

También desde algunos sectores de creyentes se pide que en la Iglesia haya cierta flexibilidad sobre el aborto.

Vamos a ver si consigo centrarme en este dilema: ¿cuándo damos por muerto a un humano? ¿Qué pasa cuando alguien fallece? Pasa una cosa muy sencilla, que el alma abandona el cuerpo, ¿no es así? O sea, que para que haya vida, el cuerpo tiene que tener alma, sin alma no hay energía que mantenga el cuerpo con vida. Y pregunto: ¿cuándo empieza la vida? El óvulo y el esperma no tienen vida propia por sí mismos para engendrar un nuevo ser, se necesita esa energía que llamamos alma para que el óvulo y el esperma generen vida, que se una la información contenida en esas dos partes diferenciadas y con esa información y la energía que las activa empiece una nueva vida. ¿Cuán grande es o qué tamaño tiene esa energía? ¿Tiene forma? Según la física cuántica, su enunciado dice que «el todo está en la parte y la parte está en el todo» o sea, que en un *quantum*, la partícula más ínfima conocida, está toda la información de Dios (o del universo), por lo que, con un solo *quantum* que envíe Dios al útero de la hembra en el momento en que óvulo y esperma se encuentran, ya se ha generado vida, ¿lo comprendéis? Por descontado que no tengo argumentos científicos que avalen lo que acabo de asegurar. Pero ¿no os parece que objetivamente tengo razón en mis afirmaciones?

Las leyes naturales no las podemos modificar o adaptarlas a nuestros gustos, conveniencias o necesidades. Si se nos ha ordenado «no matarás» es que no debemos hacerlo en ninguna circunstancia y menos con una vida recién comenzada.

Y, ¿qué pasa si la embarazada no aborta? ¡Por descontado que su vida va a cambiar! Pero nosotros sabemos que la casualidad no existe, que todo lo que nos sucede es para nuestro bien, por dramático que sea. Si la embarazada acepta su nueva situación y ama a la criatura a la que está dando vida en sus entrañas, en el futuro tendrá que abandonar su vida que la llevaba a la perdición si es soltera, tendrá alguien de quien ocuparse, de ver crecer y educar, tener compañía y no soledad y, ya mayor, bendecirá a Dios por el embarazo y por no haber abortado; si es casada, lo mismo, habrá formado o aumentado su familia con parecidos resultados. Por supuesto que cada humano es diferente a otro, que cada cual vive unas circunstancias que son especialmente suyas. Pero hay una sola ley: si quitamos vida, nos quitamos vida a nosotros mismos; si matamos, nos estamos matando a nosotros mismos; si damos vida, nos damos vida a nosotros mismos. Y el aborto ¡es muerte!

Otra forma de matar o suicidarse es la eutanasia. Ya hay leyes que regulan ese asesinato y finalmente pasará igual que con el aborto; con el rumbo que lleva nuestra sociedad occidental, vendrá día en que se podrá suprimir la vida de cualquiera que estorbe. Pero obvian algo porque lo desconocen. Si la casualidad no existe, si todo lo que sucede es para que aprendamos, la lección que deben aprender tanto el enfermo o el accidentado como las personas que le rodean es proporcional a la gravedad de la enfermedad o accidente que haya sucedido.

Cuanto más dramáticas sean las consecuencias de aquella enfermedad o accidente, tanto más importante es la lección que deben aprender.

¿Se habrán llegado a preguntar el «para qué» de ese accidente o enfermedad? Porque las respuestas a esas preguntas solo pueden venir de nuestro interior, porque en nuestro interior está Dios y él es quien tiene todas las respuestas. Nadie exterior a nosotros nos va a dar las respuestas justas y convincentes; los demás nos pueden ayudar a encontrar el camino, nos pueden orientar hacia dónde ir. Incluso nos pueden decir verdades, pero, si no las asumimos como propias y las experimentamos, no van a ser de ayuda, van a ser de duda y desazón.

Y además me pregunto: ¿qué derecho me asiste para que yo mate de cualquier manera a un hermano? Si lo hago, si mato, estoy interfiriendo en la obra de Dios y estoy adjudicándome el derecho exclusivo que tiene Dios para llevarse de este mundo físico y devolverlo al espiritual las almas que él decida, las buenas porque son buenas y las malas, después de haberles dado múltiples oportunidades para la rectificación, el arrepentimiento y que sea posible su salvación.

Cuando un humano pierde la vida antes de que Dios decida cuándo le ha llegado la hora, probablemente no esté su alma en condiciones de ir al paraíso y, al quitarle la vida, se le haya condenado al infierno, y eso sí que es triste y dramático.

Cuando una enfermedad se alarga «innecesariamente», según el criterio de los que acompañan al enfermo, ¿se habrán preguntado esas personas si no será que Dios les está dando tiempo para que se acuerden de prepararlo para la muerte? Es difícil que alguien piense en esa posibilidad; primero porque todos tememos a la muerte y no le llevamos el sacerdote al enfermo porque pensamos en el sufrimiento del enfermo porque, si ve que le administramos los últimos sacramentos, va a pensar: «Estos me dan por acabado, en lugar de sanarme, me están enviando al otro mundo». Y actuamos según nuestro criterio y, en lugar de prepararlo para morir en paz con Dios, le damos esperanzas de vida y curación, y así no tenemos que pasar el trago de decirle a alguien a quien amamos que su partida de este mundo se acerca, que debe prepararse cristianamente y que, cuando parta, no estará solo. Estaremos a su lado.

En nuestras sociedades «cristianas» no se nos prepara para morir; y es un tránsito que todos vamos a hacer un día u otro. Jesús nos repite varias veces que estemos preparados porque puede llegar la muerte en el día más inesperado. Entonces, como nadie quiere morir, cuando tenemos a nuestro lado o conocemos a alguien al que presuntamente le queda poca vida, proyectamos sobre esa persona nuestra propia repulsión a la muerte física y no hacemos nada para ayudarle a que tenga vida eterna. Jesús le dijo al que quería ir a enterrar a su padre para después seguirlo: «Deja que los muertos entierren a sus muertos y tú, sígueme».

¿Acaso no podemos considerar esta actitud frente a un moribundo como muerte para la vida eterna?

SEXTO MANDAMIENTO
NO COMETERÁS ACTOS IMPUROS (ADULTERIO)

Algunas referencias al sexto mandamiento en los Evangelios:

Mateo 5, 27-28: Os han enseñado que se mandó: «No cometerás adulterio, pues yo os digo: todo el que mira a una mujer casada excitando su deseo por ella, ya ha cometido adulterio con ella en su interior».

Lucas 16, 18: Todo el que repudia a su mujer y se casa con otra comete adulterio; y el que se casa con la repudiada, comete adulterio.

Mateo 5, 31-32: Se mandó también: «El que repudie a su mujer que le dé acta de divorcio». Pues yo os digo: todo el que repudie a su mujer, fuera del caso de unión ilegal, la empuja al adulterio, y el que se case con la repudiada, comete adulterio.

Mateo 19, 4: Él les contestó: ¿no habéis leído aquello? Ya al principio el creador los hizo varón y hembra, y dijo: «Por eso dejará el hombre a su padre y a su madre, se unirá a su mujer y serán los dos un solo ser». De modo que ya no son dos, sino un solo ser; luego lo que Dios ha unido, que no lo separe el hombre.

ALGUNAS REFLEXIONES SOBRE EL SEXTO MANDAMIENTO

¡Qué mandamiento más alejado de los deseos humanos! En la actualidad, respetar y vivir el sexto mandamiento significa renunciar a la práctica común entre los jóvenes de nuestro tiempo. Para la gran mayoría de la gente joven, y la de muchos mayores también, la sexualidad representa un fin en sí misma; como si lo único bueno de estar vivos fuese el placer sexual. En un par de generaciones hemos pasado de una sexualidad orientada al matrimonio y la procreación como norma moral y en algunas países apoyada incluso por leyes civiles, a una sociedad donde las parejas que contraen matrimonio, civil o eclesiástico, lo hacen sabiendo que la promesa que se hacen de recíproca fidelidad es un mero trámite para dar cobertura legal a su unión. Se están prometiendo fidelidad hasta que la muerte los separe, pero en sus previsiones de futuro está la más que probable separación de los cónyuges y rotura del vínculo matrimonial. Es más, muchas parejas se unen a sabiendas de que, cuando disminuya o desaparezca la atracción que han sentido el uno por el otro, se van a ir cada uno por su lado para «rehacer su vida», y eso va a ocurrir después de cada fracaso y ruptura del vínculo que les unía.

El catecismo de la Iglesia católica nos da explicaciones sobradas de lo que no debemos hacer con respecto al sexto mandamiento, nos explica cuándo aparecieron las normas y en qué escritos se basan para prohibir cualquier relación sexual que no esté encaminada a la complacencia recíproca de los esposos, para acentuar su amor y para la procreación.

Pero ¿por qué esa tendencia que tenemos los humanos al placer y a la promiscuidad? ¡Porque somos animales! Sí, con el cerebro más desarrollado y privilegiado del mundo animal, pero, al fin y al cabo, pertenecemos al reino animal.

Mientras la moral cristiana nos servía de norma, vivíamos como personas según la ley de Dios; en cuanto esa parte de la humanidad que ha sido influenciada por el maligno y él nos ha hecho ver lo inútiles y desfasadas, o ridículas, que eran esas normas para el completo desarrollo y disfrute de nuestra personalidad y de nuestro cuerpo, cuando el maligno, con los medios a su alcance, nos ha demostrado, magnificando lo malo y callándose lo bueno, que los que nos enseñaban las normas eran corruptos e hipócritas (haced lo que os diga, pero no hagáis lo que yo hago) muchos de fe débil se desengañaron, confundieron a Dios con sus representantes en la tierra, y decidieron que no había que seguir sus instrucciones. Para esa gente, autoproclamados «progresistas» y «liberadores del género humano» su meta es la destrucción de la Iglesia o su reducción a un mínimo testimonial con ahogamiento financiero incluido porque, en general, las personas religiosas no quieren ser gobernadas por las formaciones políticas que promueven la promiscuidad y destruyen la familia, que es el núcleo de una sociedad bien estructurada.

Notad que hay un cierto parecido con el pecado original: Satanás, en forma de serpiente, le induce a Eva a que sea como Dios, si hasta entonces solo sabía lo bueno, si «quiere», podrá saber lo bueno y lo malo y toma una decisión equivocada que condujo a la ruina moral y física a ellos y sus descendientes. En los tiempos actuales, Satanás, por medio de sus representantes en la tierra, también nos dice que no seamos ingenuos, que no seamos tontos, que la vida en la tierra es corta y mientras somos pequeños en edad y después, cuando venga la vejez y la decrepitud, los años que tenemos para disfrutar y exprimir nuestro cuerpo son pocos, que lo aprovechemos al máximo y, a falta de información correcta y alternativas, los humanos han emprendido el camino que conduce a la perdición y el desastre total.

En otras ocasiones os he dicho que nuestro cuerpo, con el cerebro, la inteligencia, la mente y la memoria, le pertenecen al ego y la consciencia al espíritu. Si nuestro cuerpo, con el cerebro, la mente, la inteligencia y la memoria, que son sus productos o consecuencias de su funcionamiento, le pertenecen al ego, indudablemente que el ego tiene poder sobre nosotros para que actuemos y vivamos según a él le da la gana, porque es él el que nos inclina y nos propone lo que vamos a hacer. ¿La finalidad? Que acumulemos energía negativa y que nuestra alma se identifique con nuestro cuerpo, con cualquiera o algunas de nuestras adicciones, y así, al llegar la muerte, estas almas cargadas de energía negativa tendrán peso, como si hubiese algo físico en ellas, no van a poder evolucionar e ir al paraíso y, cuando llegue el fin de los tiempos, vendrá Satanás a reclamarlas y llevárselas consigo, así tendrá más poder.

¿Por qué es así? Es así por las leyes naturales que rigen todo el universo, hasta la partícula más ínfima conocida o por conocer. Las leyes de la atracción-refracción, el magnetismo, que lo impregna y gobierna todo.

Cuando dos personas se encuentran y sienten atracción, el varón por la hembra y la hembra por el varón, a esa atracción se le llama amor, y hay una confusión tremenda y totalmente equivocada. Esa atracción es física, es biológica y está destinada a la reproducción y propagación de la especie. En general, y por lo que la experiencia nos muestra, esa atracción no va a durar más de tres años; después dirán: «No queda nada de aquel flechazo, del enamoramiento, aquello tan bueno y placentero que disfrutamos durante un tiempo se ha acabado; ahora es un incordio, una maldición, en mala hora te conocí».

¿Qué ha pasado? ¿Por qué acaba tan mal esa unión? Porque no había amor, era biológico, atracción de la materia, hormonas y feromonas; y, como con los animales, empieza con la atracción y el cortejo, sigue con la cópula, viene el embarazo, nace la criatura y, cuando la hembra puede apañárselas sola, el macho desaparece para buscar otra hembra. Elemental. ¿Os suena de algo?

Pero también con la atracción física puede llegar el amor, que es entrega al otro, desinteresada, sin contraprestaciones; me entrego a ti y no te pido nada a cambio; los dos compartimos alegrías y tristezas, dichas y desdichas, penurias y abundancias; comprensión recíproca de los defectos y debilidades del otro para aceptarlos y sanarlos sin provocar traumas que llenen gota a gota el vaso de la discordia. Y esas parejas durarán «hasta que la muerte los separe». Todos tenemos alma y, con la información adecuada, todos tenemos capacidad para amar. Y, como dice san Pablo, «El amor no se acaba nunca», forma parte nuestra, es nuestra alma, viene de Dios y es parte de Dios que es amor, y si amamos como nos pide Jesús, cargados de energía positiva, la energía del amor, volveremos a Dios cuando nuestro cuerpo físico deje de existir.

Como dije antes, el magnetismo lo impregna todo, el universo entero funciona según sus leyes. Los humanos también estamos sujetos a esas leyes naturales, y tenemos magnetismo y lo podemos comprobar. Pero, así como un imán tiene el mismo poder de atracción en cada uno de sus polos, los humanos podemos estar cargados de energía con diferente poder de atracción en cada polo. Cuando el hombre y la mujer se unen, el resultado es un imán más grande y ya no son dos imanes sino uno solo. Eso es precisamente lo que dice el A. T.: «Ya no serán dos sino uno solo». El A. T. no se refiere a la carne, que, como materia que es, es propiedad de Satanás, energía negativa. El A. T. se refiere al espíritu, que viene de Dios y por Dios está gobernado por medio de sus leyes naturales. ¿Cuál es la finalidad de esa unión? Simplemente complementarse y, como en esa unión hay amor, el de verdad, los esposos se van a ayudar el uno al otro a conocerse mejor a sí mismos, y la ley del espejo es quizá la más importante para conocernos a nosotros mismos porque nos permite ver nuestros defectos en el otro. Si se rompe la unión de la pareja, la posibilidad de conocernos y por tanto elevar nuestro nivel de consciencia habrá dejado de existir y vuelta a empezar con otra pareja para caer en los mismos problemas hasta morir sin haber llegado a comprender en qué consiste la salvación. Eso lo vamos a reconocer y vivir si elevamos nuestro nivel de consciencia, nuestra comprensión de Dios y de las leyes naturales que gobiernan nuestro espíritu, que es, en definitiva, el único que cuenta, el que nos mantiene con vida, el verdadero, el que nunca va a dejar de existir.

Cuando un hombre y una mujer han sentido esa atracción y se unen y forman su propio hogar, necesariamente se han prometido amor y, aun cuando no medien bendiciones y documentos firmados, ante Dios y sus leyes, la unión de dos imanes para formar uno más grande se ha consumado. Hasta ahí, todo perfecto.

Dicen los sabios que estudian el cerebro, y lo dicen porque lo han podido constatar, que cuando no cumplimos con aquello que hemos dicho que íbamos a hacer, cuando no cumplimos con la palabra dada, cuando no cumplimos una promesa, aseguran que alteramos físicamente nuestro cerebro; nuestro cerebro somatiza los pensamientos y emociones negativas que hemos generado al no proceder según habíamos prometido y entonces hay un cambio en la información contenida en nuestro ADN.

Cada vez que una pareja rompe su convivencia y se separan los imanes, están faltando a su promesa. Y en la sociedad actual, cuando la búsqueda del placer sexual se ha convertido en el «motivo y finalidad de la vida», el imán y el espíritu andan descontrolados y sin saber a qué atenerse porque el mundo físico ha ganado la pugna sobre el espiritual, y la información del ADN está cambiada porque ya no hay promesa, escrita o de palabra, de que se cumpla. El empezar la actividad sexual a temprana edad, cuando todavía no se han adquirido conocimientos para asumir ningún tipo de responsabilidad, la promiscuidad que sigue después, el salir de marcha por la noche sin saber con quién van a copular han desbaratado los planes de Dios, y Satanás triunfa, de momento.

¿Qué ocurre con esa información del ADN cambiada? Parece que Dios ya lo tenía previsto. Está escrito en el A. T.: «Los pecados de los padres serán llevados hasta la tercera y la cuarta generación». O sea, que la desobediencia de las leyes de Dios, de los diez mandamientos, que son las leyes por las que deben regirse nuestras relaciones, sí que tiene consecuencias sobre la humanidad, sobre los descendientes de quienes las incumplieron.

Haced memoria y observad. ¿Os acordáis del movimiento *hippy* de los años sesenta en los EE. UU.? ¿O del mayo del 68 en Francia? Con aquel lema de «Haz el amor y no la guerra», empezó a extenderse la promiscuidad y toda la cultura occidental vive aquel lema, cada cual a su manera, claro que entendiendo por *amor* no el que propone Dios, sino la atracción animal.

¿Qué ocurre con el ADN modificado? Ocurre que algún descendiente del promiscuo, y no se sabe bien por qué unos sí y otros no, lo va a somatizar en un desarreglo físico y van a nacer LGTBI que se dice ahora, para no tener descendencia y «cortar» con la información equivocada que el promiscuo introdujo en su ADN. ¡Observad a vuestro alrededor! Nuestros descendientes LGTBI son el resultado de la promiscuidad sexual de sus padres, abuelos o bisabuelos. Las cosas son así de sencillas. Dios no es complicado. Pero a Dios no se le ha explicado al mundo de forma comprensible. Ni tampoco se explica cómo trascender a Satanás y alejar de nosotros su influencia, que es permanente. Repito: ¡observad a vuestro alrededor!

Todavía está presente en la Iglesia la idea de aquellos antiguos eremitas que mortificaban su cuerpo con ayunos y con castigos sangrantes, con soledad, para poder dominar las tentaciones; se nos dice que no pequemos, pero no he leído una sola frase que nos diga cómo trascender a Satanás, dueño y propietario de la materia.

Con nuestra inconsciencia estamos acumulando energía negativa y, si por incumplir uno solo de los mandamientos atraemos hacia nosotros energía negativa, estamos predisponiéndonos a incumplir los demás también. La humanidad está entrando en Sodoma y Gomorra, y las consecuencias serán trágicas. Como entonces.

Julio de 2020
Juan Ibáñez Valero

SÉPTIMO MANDAMIENTO
NO ROBARÁS

Algunas referencias en los Evangelios sobre el séptimo mandamiento:

> Lucas 6, 29-31: Al que te quite la capa, déjale también la túnica. A todo el que te pide, dale; al que se lleve lo tuyo, no se lo reclames.
>
> Mateo 5, 40-42: Al que quiere ponerte pleito para quitarte la túnica, déjale también la capa; al que te fuerza a caminar una milla, acompáñalo dos; al que te pide, dale; al que quiere que le prestes, no le vuelvas la espalda.

ALGUNAS REFLEXIONES SOBRE EL SÉPTIMO MANDAMIENTO

Solo dos palabras y, sin embargo, para definir lo que está de acuerdo con su significado, con lo que debemos hacer o no debemos hacer, el *Catecismo* de la Iglesia católica emplea desde el artículo 2401 hasta el artículo 2449 para explayarse en explicar, desmenuzado, lo que significa el «No robarás».

Así, robar no es solamente entrar en una propiedad ajena y llevarse lo que no es tuyo, o pegarle un tirón al bolso de una mujer y llevárselo por la fuerza, o romper el cristal de un coche y llevarse lo que hay dentro de valor. «No robarás» va más allá que lo de sustraer un bien físico ajeno.

Roba el empresario o empleador que no paga el salario justo a sus trabajadores o empleados, no pagándoles las horas extras, no permitiéndoles las vacaciones debidas, pagándoles menos del salario estipulado, haciéndoles trabajar en los días estipulados como de descanso, o les fuerza a trabajar en condiciones de semiesclavitud; en fin, todas aquellas situaciones impuestas por el empleador y que, aunque sean aceptadas *de facto* por el empleado, atenten contra la dignidad del empleado o sean una afrenta para esas personas.

También roban los empleados que no cumplen con los estándares de productividad establecidos o consensuados con los sindicatos que los representan; los empleados que simulan enfermedades para obtener bajas médicas y no acudir al trabajo; los que roban herramientas o materiales de la empresa en la que trabajan para su propio provecho o para revenderlas a otros; los que inducen a sus compañeros a alargar las obras o trabajos encomendados para que la ocupación en esas obras dure más tiempo; los que, teniendo un tiempo de permanencia en un puesto de trabajo definido, retrasan su entrada, adelantan su salida, o utilizan el tiempo de presencia en el trabajo para ausentarse y utilizarlo en provecho propio; los que dilatan los tiempos de descanso sin motivo alguno; los que, estando en el puesto de trabajo, utilizan los medios de la empresa u organismo oficial para su entretenimiento o uso privado; en general, los que intencionadamente provocan una disminución de su productividad en detrimento del justo beneficio de la empresa, sea pública o privada y, por lo tanto, del bienestar y la prosperidad de la sociedad en general.

Roban las administraciones que cobran impuestos que son desproporcionados e incluso in-asumibles para algunos sectores de la población.

También roban los ciudadanos y empresas que promueven y trabajan con la economía sumergida, que detraen ingresos a las administraciones necesarios para que cumplan con sus fines y practican la injusticia contra los que sí pagan sus tributos.

Roban los políticos y funcionarios que cobran comisiones ilegales a las empresas con las que contratan, y roban las empresas que, para resarcirse o para obtener más beneficio, modifican a la baja la cantidad y calidad de los materiales empleados.

Roba el contrabandista que con sus actividades ilícitas tergiversa el comercio lícito y roba el narcotraficante que, con tentaciones de una vida más placentera, destruye vidas, familias y haciendas.

Roban los que, aprovechando las incertidumbres del sistema financiero, especulan con el valor de las empresas arruinando a otros inversores o empresas para enriquecerse ellos. Y roban los que voluntariamente modifican el valor de las empresas, medios de producción, materias primas y productos terminados con el único fin de enriquecerse ellos a costa de la ruina de otros.

Hay muchas maneras de robar, porque también roban las industrias farmacéuticas que ponen en el mercado productos que sirven inadecuadamente para los fines para los que se prescriben o que sus efectos secundarios son peores que la enfermedad que tratan de sanar.

Roban los organismos encargados de aprobar la validez de esos tratamientos, caros y de efectos perversos, en base a datos incompletos o falseados. Y esos organismos también roban cuando excluyen, desechan o prohíben productos o métodos de curación que, por estar presentes en abundancia en la naturaleza o ser de bajo coste, no aportan beneficio a las multinacionales que controlan la industria farmacéutica, que roban al proponer y conseguir que las medicinas y terapias alternativas a las oficialmente reconocidas sean declaradas ilegales y se las persiga con las leyes aprobadas para tal efecto.

También roban los profesionales de la salud y los responsables de hospitales, centros de salud, etcétera, que, a cambio de donaciones, regalos o promociones personales, prescriben medicamentos de los que desconocen los efectos negativos que puedan tener y que además son carísimos para el sistema público de salud.

También roban los charlatanes y advenedizos que, sin conocimientos, venden curaciones milagrosas y hunden la reputación de los verdaderos conocedores y profesionales alternativos.

Y también roban los gobiernos que gastan ingentes cantidades de dinero en armamento para defenderse o atacar a quienes la codicia ha convertido en enemigos en detrimento del bienestar de los pueblos. La humanidad hizo lo mismo hace mil, dos mil, cinco mil o diez mil años. No ha cambiado nada en nuestra forma de pensar y actuar. ¡Somos los mismos, iguales!

En Lucas 6, 29-31, nos dice Jesús: «Al que te quite la capa, déjale también la túnica; a todo el que te pida, dale; al que se lleve lo tuyo, no se lo reclames».

Lo último que aquí nos pide Jesús es algo insólito, contra la naturaleza humana, contra el derecho de propiedad y disfrute de lo que consideramos nuestro y es, por lo tanto, inaceptable. No conozco a nadie que no haya reaccionado con disgusto e indignación cuando a vistos allanados su casa o su negocio, cuando le han estafado o cuando le han sustraído algún bien de su propiedad y disfrute.

¿Por qué de estos consejos o normas de conducta que nos enseña Jesús?

Jesús tiene toda la razón del mundo al pedirnos que nuestra forma de actuar sea la que nos dice. Os lo explico. Vivimos en el mundo de la materia, es indudable. Pero también, y como ya os he explicado en otras ocasiones, este mundo material está gobernado por las leyes energéticas, las leyes naturales de Dios; gobernado por la energía que nosotros los humanos, voluntaria o involuntariamente, manejamos de continuo. Como ya os dije, no solo la acción es energía, también la palabra y el pensamiento son dos formas de energía. Y, cuando con nuestros pensamientos, palabras y acciones acumulamos energía negativa, vamos a atraer hacia nosotros personas o situaciones con esa misma energía.

En un cruce hay cuatro bares o restaurantes; en uno de ellos los ladrones entran una o dos veces al mes, en otro entran una o dos veces al año, en otro entraron una vez y no han vuelto a robar y en el último todavía no han entrado. ¿No están todos en el mismo cruce y a escasa distancia unos de otros? ¿Cómo es que los ladrones no roban de igual manera a los cuatro?

Si en un establecimiento, el dueño o los empleados tienen conciencia de que han lesionado los legítimos intereses de un cliente, bien con los materiales, bien con el precio o con el servicio, o con ambas cosas, acumulan energía negativa. Si el cliente sale del establecimiento convencido de que ha sido defraudado en sus legítimos intereses, acumula energía negativa que el personal del establecimiento atraerá hacia sí. Tampoco basta con que el personal del establecimiento esté convencido de haber actuado correctamente, es necesario que el cliente también esté convencido de la lealtad y honradez del personal que le atendió. Cuando las dos partes están convencidas de que se ha actuado correctamente, se acumula energía positiva que va a beneficiar al establecimiento.

Fijaos en un punto interesante: el séptimo mandamiento dice «No robarás», pero en los Evangelios no he leído un solo texto donde se diga que no hay que robar. En Mateo 5 y Lucas 6, Jesús nos dice que al que nos quiere quitar lo que es nuestro le demos más de lo que se quiere llevar, que atendamos al que nos pide, pero lo que descoloca por lo insólito es que también nos pide que nos callemos, que estemos quietos, que no reclamemos cuando alguien se lleve algo que consideramos nuestro. ¿Cómo se entiende esto?

En los Evangelios, Jesús nos habla de la fe para pedir y obtener lo que necesitemos, nos dice cómo hacerlo y nos anima al menos unas veinticinco veces a que lo practiquemos; no nos dice que no robemos, repito, en los Evangelios nos enseña y nos anima a pedir para obtener lo que necesitamos.

Al robar, en el amplio sentido de la palabra, ocurren tres cosas. Le quitamos a otro lo que, legalmente o no, tiene en su poder; también renunciamos a obtenerlo por nuestros medios procediendo como Jesús nos enseña. Y, si robamos algo, normalmente a continuación y por otro lado, vamos a perder el valor de lo robado multiplicado por diez, por cien o por mil sin que podamos predeterminar cómo va a suceder; si alguien roba una herramienta, por ejemplo, no necesariamente le van a robar otra herramienta, puede ser el coche o la cartera, etcétera.

Al no reclamar lo que nos han sustraído, al no quejarnos por el robo, al no maldecir al ladrón, habremos cortado con la energía negativa que anima a los ladrones a seguir robando. Se corta la rueda de «Yo te robo a ti, otro me roba a mí, otro le robará al que me robó a mí y así la rueda sigue sin fin por los siglos de los siglos». Si todos cortásemos, no habría ladrones. Hay naciones donde se roba poco, pero hay otras naciones donde todo el mundo roba. Si roba el presidente y todo su gobierno roba lo que puede, los pobres y desgraciados ciudadanos de a pie, ¿nos vamos a conformar con nuestra miseria sin participar del saqueo a la nación? Y esas naciones van a la ruina, moral y económica, tal es su acumulación de energía negativa.

Se necesitaría de unos gobernantes honestos que pusiesen la nación patas arriba y actuasen con contundencia, prontitud y sin contemplaciones, castigando adecuadamente a los corruptos.

Porque todo se paga, siempre llega la contrapartida, como dijo Jesús: «Quien a hierro mata a hierro muere». A ver si logro explicarme para hacerme comprender.

Los que somos mayores y tenemos memoria recordaremos que España, desde 1982 fue gobernada por los partidos de izquierda. ¿Qué ocurrió? Que en tres legislaturas saquearon el país, se apropiaron de la recaudación de las haciendas públicas, de los lógicos beneficios que las empresas del Estado habían tenido hasta entonces; recordad el bochornoso espectáculo de la Guardia Civil pagando de su bolsillo el combustible de los vehículos de servicio, porque en caja no había dinero; fueron cantidades ingentes de dinero las que desaparecieron. ¿Qué hacían los partidos de la derecha mientras tanto? Callar y observar el *modus operandi* de la izquierda para que, cuando les llegara su turno de gobierno, hacer lo mismo que hacía la izquierda. Hoy por ti y mañana por mí. Y le llegó a la derecha su turno de gobernar. Yo, particularmente, siempre pensé y dije que mientras los españoles y los valencianos tuviésemos memoria, la izquierda no volvería a gobernar ni en España ni en la C. V., y así sucedió. La derecha gobernó años y años, y la izquierda sin poder volver a sacar tajada. ¿Qué hizo la izquierda? Se inventó la legislatura de «la transparencia», «la honradez», «la legislatura del castigo a los defraudadores» y lo hicieron, sí, y con la ayuda de la justicia afín a su ideología se aplicó la «transparencia» a los partidos de la derecha que estaban gobernando entonces o habían gobernado las últimas legislaturas. Los probables delitos de la izquierda estaban prescritos, ya no se podían investigar ni castigar. Recordad que los que hacen las leyes las hacen para protegerse en primer lugar a ellos mismos.

Con la casi totalidad del funcionariado afín a su ideología, la izquierda empezó a acusar indiscriminadamente a cualquier mandatario de la derecha. Los juzgaron, se demostró que eran culpables y se les castigó; y lo que les queda todavía.

Desde el punto de vista del mundo, o de lo mundano, la izquierda consiguió lo que pretendía para volver a mandar: la derecha fraccionada, con lo que eso significa para la obtención de escaños, sin líderes con carisma y curtidos en la política, y la izquierda vuelve a gobernar, y estamos viendo cómo consigue sacar tajada otra vez.

Pero ¿qué pasa desde nuestro punto de vista como creyentes, desde nuestro punto de vista energético, de Dios? Sabemos que todo se paga, que para Dios nada queda impune; nada queda sin premio ni castigo; pues bien, la izquierda, que en general no es creyente, van a pagar sus fechorías después de muertos, en el mundo energético (en el que no creen) porque en este mundo material se han ido de rositas y están tan felices y contentos porque aparentemente y de momento han destruido a la derecha, están mandando otra vez y disfrutando de lo acaparado en sus fechorías.

¿Qué va a ser de sus almas cargadas de energía negativa? Jesús nos dice que esas almas van a ir al fuego que nunca se acaba, donde el gusano nunca muere, donde allí será el llanto y el apretar de dientes. El día del fin del mundo dirá a esas almas: «Apartaos de mí, malditos, id al fuego eterno preparado para el diablo y sus ángeles». Dramático. Patético. Todos ellos son merecedores de nuestra compasión y de nuestras oraciones.

Y la izquierda se burla y menosprecia a la derecha, y la derecha, cabizbaja y avergonzada, no sabe cómo sacar pecho. La derecha, generalmente creyente, debería admitir sus errores y dar gracias a Dios por pagar en este plano material sus pecados. ¡Deberían estar agradecidos a la izquierda por haberles llevado al cadalso político y a la cárcel! Porque algunos o muchos de ellos podrían morir con su alma limpia del pecado de corrupción y robo.

¿Habéis comprendido la importancia de nuestros movimientos de energía, tanto a nivel personal como corporativo o social?

Los ladrones no estudian a sus posibles víctimas, sus decisiones no son decisiones conscientes, no dicen «En aquella casa tienen dinero y cosas de valor, vamos a robarles». No funciona así. Los ladrones, estafadores y toda esta gente no actúan premeditadamente, sienten el impulso de ir a determinado sitio, persona, empresa, etc., hay una fuerza interior que les impele a actuar en o contra determinado sitio y no otro. Recordad lo que ya os he dicho en otras ocasiones: que nosotros, según la energía que tengamos en abundancia, negativa o positiva, vamos a atraer hacia nosotros personas o situaciones que estén cargadas de esa misma energía y, si es la del robo, los que roban y los que son robados acumulan energía de ladrón para que se siga robando y que la rueda no pare; esa es la pretensión del diablo, que acumulemos mucha energía de la suya para tener más poder sobre la humanidad.

Si en una casa hay energía positiva, si en esa casa no hay energía de ladrón, el ladrón pasará por delante de esa casa todos los días y no sentirá nunca la necesidad de entrar a robar, ¿comprendéis?

Ahora, después de haber estudiado todo lo anterior es cuando adquiere valor y se comprende aquel antiguo refrán que dice: «La puerta mejor cerrada es la que se puede dejar abierta».

Estad atentos a lo que pasa a vuestro alrededor, observad y sacad conclusiones. ¡No se os ocurra juzgar, condenar ni difamar! Pero observad y aprended; aumentad vuestro nivel de consciencia y acumulad energía positiva para que se expanda por el mundo porque, además, como dice Jesús, seréis «hijos de Dios».

OCTAVO MANDAMIENTO
NO DIRÁS FALSO TESTIMONIO NI MENTIRÁS

Algunas referencias en el Evangelio sobre el octavo mandamiento:

Juan 8, 44: «Vosotros tenéis por padre al diablo y queréis realizar los deseos de vuestro padre. Él fue un asesino desde el principio y nunca ha estado con la verdad porque en él no existe verdad. Cuando dice la mentira le sale de dentro, porque es falso y padre de la mentira».

Mateo 5, 37: «Que vuestro sí sea un sí y que vuestro no sea un no; todo lo que pasa de ahí es cosa del malo».

Mateo 12, 34-37: «¡Camada de víboras! ¿Cómo pueden ser vuestras palabras buenas siendo vosotros malos? Porque lo que rebosa el corazón lo habla la boca: el que es bueno saca cosas buenas de su almacén de bondad; el que es malo saca cosas malas de su almacén de maldad. Yo os digo que en el día del juicio los hombres darán cuenta de toda palabra falsa que hayan pronunciado, pues por tus palabras te absolverán y por tus palabras te condenarán».

Mateo 5, 19: «Porque del corazón salen las malas ideas, los homicidios, adulterios, inmoralidades, robos, testimonios falsos, calumnias, eso es lo que mancha al hombre».

ALGUNAS REFLEXIONES SOBRE EL OCTAVO MANDAMIENTO

¡Qué pena y dolor produce la deriva que ha tomado la sociedad actual! Dijo Jesús que «la maldad existe porque existe la bondad». Es la definición más acertada de las leyes naturales, la ley de Dios, la definición del magnetismo. No se puede ser más claro y contundente; los imanes no tienen atracción en el punto medio; o te pegas a un polo o te pegas al otro. Con la particularidad para los humanos de que podemos acumular energía de un polo en detrimento del otro polo. Dejamos de ser buenos si nos vamos haciendo malos y dejamos de ser malos en la medida en que aumentamos nuestro nivel de consciencia y nos vamos haciendo mejores.

La gente con pensamiento o filiación con los partidos de izquierda, en general, no creen en la existencia de Dios y, por lo tanto, tampoco creen que tengamos alma. Entonces, ante la ausencia de un castigo o premio posterior a la muerte, porque para ellos después de la muerte viene la nada, dedican su vida al aprovechamiento al máximo de las posibilidades que el mundo de la materia, el mundo del ego, les ofrece.

En su desenfreno por acaparar, chocan de frente con la doctrina y la moral de la otra parte del imán. ¿Qué hacen? Intentar destruir con todos los medios a su alcance todo aquello que les señala como malos, como perversos, a los que ponen en evidencia sus mentiras, sus medias verdades, a los que los abochornan al demostrarles sus falsedades. Entonces intentan suprimir a sus adversarios para no oír sus reproches. Pasan a hacerse cargo de los medios de comunicación que dependen de los presupuestos de los gobiernos, financian a los medios privados para que les sean adictos y fieles, hacen todo lo posible por ahogar a los que les son contrarios y así, que tengan que desaparecer y en algunos regímenes, incluso los someten a censura, o los clausuran definitivamente o matan a los individuos que les resultan incómodos.

Hacen leyes de educación para enseñar a los niños el respeto hacia los demás, que no es respeto, sino aceptación y promoción de cualquier inclinación de nuestro cuerpo animal. Les enseñan a utilizar su cuerpo para el placer sexual sin complejos ni condicionantes en nombre de una supuesta libertad sexual y de disposición del propio cuerpo. Al incidir en la cultura al cuerpo, en la confusión interesada de la atracción animal, que es egoísta (utilizo a todos los demás en mi provecho) con el amor que viene de Dios (me entrego al otro sin esperar recompensa alguna) ocurre que el amor se enfría, mengua y, si alguien lo siente alguna vez, lo rechaza porque le impide su «libertad», ¿para qué continuar con esta pareja pudiendo cambiar?

Se hacen leyes que pretenden regular hasta el mínimo detalle de la convivencia y relación entre personas. ¡Ilusos! A pesar de leyes al efecto y de todo tipo de publicidad, además del dispendio en recursos de los Estados, cada año mueren más personas a mano de sus parejas, hay más asesinatos, la explotación de niños para todo tipo de «usos» aumenta. La trata de mujeres va en aumento, ¿Qué esperáis que pase? ¿Os preocupa su comportamiento por si algún día os toca a vosotros sufrir? Si de pequeños les enseñasteis que lo mío es mío y de nadie más, si les metisteis en la cabeza que la fidelidad a la pareja es cosa del pasado y contraria a la libre disposición del cuerpo por sí mismo, si les habéis enseñado la igualdad de derechos, ¿acaso la hembra no tiene el mismo derecho a ser infiel que el macho?

La naturaleza humana es el resultado de su evolución y adaptación al medio en que ha vivido durante siglos y siglos desde su aparición en la tierra. Aún hay sociedades en el mundo donde la hembra cuida de la casa, cría a los hijos y el macho procura que a la familia o al clan no les falte el sustento para sobrevivir. ¿Se puede cambiar eso en dos generaciones? ¿Podrán las leyes que hacen los humanos hacer que el macho asuma en la sociedad el papel de la hembra y que la hembra asuma el papel del macho? Lo dudo. Si hace miles de años se dejó bien definido el papel de cada uno y cómo debían ser las relaciones entre sí, que no son otra cosa que el mutuo respeto, ayuda y comprensión, ¿Cómo quieren regular ahora lo que ellos mismos han desregulado? No se puede convertir a los humanos en algo diferente a lo que hizo Dios sin caer en la trampa del ego, en sus redes, en sus manos impías.

Y todos aquellos que o bien porque en casa se les ha enseñado a no creer en Dios o ni tan solo a pensar en él, bien porque en los lugares de enseñanza los profesores o los compañeros les han enseñado a seguir ese camino, o bien porque ellos mismos han caído en las trampas que Satanás les prepara, y que además cuentan con la indiferencia y con la poca o nula práctica religiosa de los padres, digo que estos han cargado su espíritu de energía negativa y, conforme pase el tiempo, irán incumpliendo cada uno de los mandamientos hasta tener tanta energía negativa que sus pensamientos, palabras y acciones, con el paso del tiempo y sin que se aperciban de ello, estarán marcados por esa energía negativa, y su vida se desarrollará según los designios de Satanás. Y vemos que las personas públicas, que son a las que tenemos acceso, son inmensamente egoístas, mienten sin pudor ni vergüenza y, si analizamos su trayectoria vital, vemos que en algún tramo de su vida han ido incumpliendo todos y cada uno de los mandamientos. Da lo mismo que estén en la política, en la enseñanza, en los medios de comunicación, en las artes escénicas, donde sea. Y los demás, a los que no conocemos personalmente, tampoco nos hace falta conocerlos, si los eligen para que los representen, si los escuchan y los aprueban, si los aplauden y admiran, es que están en su misma onda.

Como dice Jesús: «Por sus frutos los conoceréis». Las energías del mismo signo tienden a hacerse más fuertes y poderosas. Y así, los políticos de izquierda promueven el enfrentamiento ideológico, hacen leyes para que afloren y sean de actualidad recuerdos de sucesos que acaecieron hace muchos años y que fueron perdonados y olvidados, sucesos de los que los protagonistas nunca quisieron hablar, y ahora se los utiliza para el señalamiento, el rencor, el odio y la venganza. ¿Hay algo que pueda demostrar de forma más fehaciente que Satanás está detrás de las decisiones que toman estos políticos?

Hay otro estamento público que también está permeado por el influjo de Satán: es una parte de la justicia. A veces tengo la impresión de que los abogados, o al menos una buena parte de ellos, ha estudiado en la universidad del infierno. Su primera pretensión es no perder ningún pleito, la segunda es tener fama de ganar pleitos para tener muchos clientes y acumular mucho dinero. Y la avidez de dinero es la llave que tiene Satán para apoderarse del mando de esas almas. Así defienden a culpables para que se condene a inocentes, condenan a inocentes sabiendo que no son culpables, aportan testimonios falsos para absolver o condenar, y los animan a mentir ante el juez diciéndoles que jurar en falso en un juicio no tiene nada de malo; promueven juicios donde un arreglo amistoso sería posible. Y hay jueces prevaricadores que dictan sentencias, a sabiendas de que son injustas, porque favorecen a los que les han pagado una extra o son injustas porque persiguen y condenan al que no comparte su ideología, cuando saben que la justicia es ciega, imparcial y se abstienen de enjuiciar a los que son culpables de delitos por los que otros están en la cárcel. Todos estos tienen a Satán al mando de su conciencia.

Los medios de comunicación que mienten descaradamente para complacer a los políticos que les mantienen en vida a base de subvenciones no sujetas a control, o porque sus redactores son afines a su ideología y con verdades manipuladas convenientemente, medias verdades, maledicencias o calumnias, intentan destruir la reputación de sus oponentes, para anularlos y reducirlos a la nada. También estos trabajan para Satanás, padre de la mentira.

Para ejemplo extremo de la maldad a que pueden llegar los que mandan las naciones, tenemos a los partidos políticos de Cataluña. Hace años que para poder suplantar al Estado español están incitando el odio de los catalanes hacia todo lo que pueda representar a España. Desde que el «prior», la «madre superiora» establecieron su dominio en Cataluña, su única pretensión y su meta ha sido preparar a los ciudadanos de Cataluña para la separación de España. Como la gran mayoría de los catalanes eran conscientes de que en España se estaba mejor y no se avenían a sus dictados, fueron haciéndoles la vida difícil a los funcionarios que no comulgaban con su ideología o simplemente sustituyéndolos por otros afines para tener un conglomerado monolítico y fiel. Y así, los funcionarios y ediles tienen permiso para acudir a cuantas manifestaciones se anuncian; los maestros enseñan a sus alumnos una historia irreal que se ha construido al efecto, con mentiras que son una infamia y son un bochorno para los conocedores; todo para dar sensación de ser una nación diferenciada; la televisión autonómica es una sucesión continuada de mentiras, igual que su prensa, y todo ello subvencionado y pagado con los impuestos y con el dinero que continuamente le piden a España. Empezaron con el lema «España nos roba» y ahora siguen con de «España nos mata» y, al final, cuando una mentira se repite tantas veces, acaba pareciendo que es verdad. Pero lo que sí va a resultar verdadero es que, cuando todo el odio que han sembrado hacia España les rebote hacia ellos, van a decir: «¡Veis como los españoles sí que nos odian!». Y con tan gran cantidad de energía negativa que han conseguido acumular, la que al final van a liar va a ser buena, porque tantos años de mentiras y de incitar al odio, no puede resultar sino la obra de Satanás: sangre, dolor y lágrimas. Vivir para ver.

No es que la mentira aparezca por sí misma, la mentira es la consecuencia directa de que la persona está en el polo opuesto al de la verdad y, en ese polo opuesto al de la verdad están también todas las demás faltas, en mayor o menor medida, porque cada persona maneja las energías de forma diferente a otra, y no es preciso que el mentiroso peque contra todos los mandamientos, con que peque contra uno solo, ya está pecando contra el primero, que es el único, porque, como dice Jesús: «El que no recoge conmigo, desparrama» y «El que no está contra nosotros, está con nosotros»; también dice Jesús: «Al que me niegue a mí en este mundo, también lo negaré yo ante el Padre». Porque, siempre que pecamos, nos situamos contra Dios.

En el mundo energético no se conjuga el verbo *juzgar*, allí no se juzga; somos nosotros nuestros propios jueces. Según como hayamos procedido durante nuestro paso por este mundo, habremos cargado nuestra alma de energía negativa o de energía positiva y, al morir nuestro cuerpo, al quedar el alma libre de la materia, va a ser atraída por uno de los dos polos. Dios nos ama a todos en todas nuestras circunstancias, para Dios no hay nadie indigno del paraíso. A lo largo de nuestra vida, la vida de todos y cada uno de los humanos, Dios, por medio de sus ángeles, sus santos y de la Virgen María, nos propone de continuo que le conozcamos y, conociéndole, sigamos el camino que Jesús nos enseñó. Cada suceso, encuentro, sueño, visión, intuición, premonición, accidente, enfermedad, cada desgracia que le sucede a alguien es una oportunidad para que nos preguntemos quién es y dónde está Dios. Pero, haciendo su trabajo, el maligno no va a permitir que nadie se percate de esa posibilidad. A veces se necesita un hecho trascendental, extraordinario para que alguien se replantee las verdades de su vida.

Creo que la mentira es el pecado que más nos aleja de Dios. El primer pecado vino por la mentira, por el engaño de Satanás a Eva. Siendo Dios verdad absoluta, la mentira de cualquier grado de poder siempre nos aleja de Dios porque siempre, la mentira, en cualquiera de sus aspectos o formas, siempre estará cargada de energía negativa.

El primer pecado que cometen los niños es el de la mentira para ahorrarse un castigo o una reprimenda. Y, aunque los padres les enseñen que no hay que mentir, ellos escuchan a sus padres que, cuando les conviene, no dicen la verdad, y esas contradicciones al niño le producen dudas que a lo que le ayudan es a perder su inocencia; hasta ahora habían sido ángeles, a partir de ese primer acopio de energía negativa, empezarán a compenetrarse con este mundo y a ser uno más de este mundo, el mundo del ego.

NOVENO Y DÉCIMO MANDAMIENTOS

NO CONSENTIRÁS PENSAMIENTOS NI DESEOS IMPUROS

NO CODICIARÁS LOS BIENES AJENOS

Algunas referencias en el Evangelio sobre estos dos mandamientos:

> Mateo 5, 28: Pues yo os digo: Todo el que mira a una mujer casada, excitando su deseo por ella, ya ha cometido adulterio en su interior.
>
> Mateo 6, 21: Donde esté tu tesoro, allí también estará tu corazón.

ALGUNAS REFLEXIONES SOBRE EL NOVENO Y DÉCIMO MANDAMIENTOS

Desde el tercero al octavo mandamiento se nos dice que no hagamos ciertas cosas que requieren palabra y acción: santificar las fiestas, honrar a los padres, no matar, no cometer actos impuros, no robar, no mentir; pero el noveno y décimo están dedicados a los pensamientos y a las emociones que estos pensamientos generan. Os he dicho antes que el pensamiento es energía, con un inmenso poder con capacidad de trasformar lo que nos rodea, de hecho, cada cual moldea su mundo, moldea las circunstancias del mundo en el que vive, de acuerdo con sus pensamientos y emociones. Así, hay personas o grupos que son pesimistas, para los que el futuro es siempre negro, cada dificultad la viven como un tropiezo y una caída, y su vida trascurre llena de sobresaltos y desgracias, y tienen de su parte todos los argumentos para ser pesimistas. También hay grupos o personas que son optimistas, a los que la vida les regala a cada paso oportunidades de aprender y de mejorar y de ser felices, de ver el futuro como nuevas oportunidades de crecimiento. Lo paradójico, como ya os dije en otra ocasión, es que el pesimista y el optimista viven en el mismo mundo, y hasta es posible que usen la misma escalera para ir cada uno a su casa. Os digo esto para que comprendáis la importancia que tienen nuestros pensamientos para nuestra vida y la de los que nos rodean. Pero hay más, porque la energía que nosotros acumulamos la puede absorber cualquier otra persona o grupo en cualquier otra parte del mundo.

¿Qué sucede si tenemos pensamientos impuros?

Los pensamientos y deseos impuros se refieren a los seis mandamientos anteriores y al décimo. Cuando pensamos «El próximo fin de semana voy a trabajar»; «Como mis padres son unos pesados, les voy a dejar que se las apañen»; «¡Ojalá reviente ese maldito vecino!»; «Hoy me iré de juerga con mis amigos»; «Me voy a salir del súper sin pagar estos dos productos»; «Al que pregunta, ¡mentiras con él!»; y del décimo: «Tengo que conseguir el empleado que tiene la competencia». Son pensamientos con poca carga negativa, pero, conforme pasan las horas o los días y lo que en un primer momento fue un pensamiento sin importancia, se vaya convirtiendo en una fijación, una obsesión y una meta, habremos sucumbido a los deseos de nuestro inconsciente, del ego. Y si pasamos a la acción habremos consumado el error, habremos pecado dos veces: de pensamiento y de acción.

El mandamiento dice: «No consentirás...». Y ¿cómo se consigue lo de no consentir? No es difícil, y menos aún para los que han elevado su nivel de consciencia. En primer lugar, hay que identificar la procedencia y cualidad del pensamiento: si me puede hacer daño a mí, a otro u a otros o a sus cosas, ese pensamiento viene del ego y, por lo tanto, habrá que desecharlo, conminando al ego a que se retire y nos deje en paz; si es persistente, se puede pedir la ayuda del santo ángel de la guarda o de la Virgen María y seguro que el pensamiento desaparece y la obsesión también. El ego deja de tener poder alguno sobre nosotros en cuanto le identificamos. Estamos viviendo un sueño y, en cuanto somos conscientes, despertamos.

El décimo mandamiento nos habla del pecado de la envidia; porque de la matriz de la envidia se desgajan la codicia y la avaricia, el rencor y el odio, la calumnia y la maledicencia, la alegría por la desgracia del prójimo y la tristeza y desazón por su prosperidad.

Dicen que la envidia nace del orgullo y también los celos. Pero el envidioso es un ser miserable y desgraciado que se siente infeliz porque se cree incapaz de conseguir algo por sí mismo, que achaca a la suerte los éxitos de los otros, no tiene en cuenta el riesgo económico y de reputación que corren los demás para conseguir el éxito en cualquier empresa que quieran llevar a buen término. Si esa energía negativa del envidioso alcanza poder suficiente, podrá destruir cualquier empresa o negocio del envidiado, incluso llevar a la muerte al envidiado, a su familia o sus empleados; entonces el envidioso, sin ser consciente de su responsabilidad, se alegrará pensando que él tenía razón, que no era posible la felicidad y prosperidad de los otros sin que les ocurriese alguna desgracia.

¿Remedios? Sí que los hay; para el envidioso, alabar y bendecir a Dios por la prosperidad de sus hermanos porque, cuando hay prosperidad, a todos les alcanza; para los envidiados, elevar su nivel de consciencia, que se puede convertir en escudo protector contra la energía negativa de los envidiosos. Recordad lo que os dije: «Nadie podrá hacerme daño, si yo no creo que me lo pueden hacer»; aquella sentencia de «No hagas al prójimo lo que no quieras que te hagan a ti» la refundamos en «No hagas ni pienses en hacer al prójimo lo que no quieras que te hagan a ti». No solo se peca con la acción, también se peca con el pensamiento o la palabra. Se nos corrigen las palabras y los actos, pero nadie nos ha dicho nunca el peligro de los pensamientos y deseos.

Sobre lo impuro.

Romanos 14, 14 «Por el Señor Jesús sé y estoy seguro de que nada es impuro de por sí; algo es impuro para el que lo tiene por impuro y nada más».

Según san Pablo, el que es ignorante de la ley, ¿no comete actos impuros o no tiene pensamientos impuros, por desconocimiento?

Las palabras de san Pablo debemos interpretarlas y, cuando algo se tiene que interpretar, cada cual lo hace según el nivel de consciencia que tiene. Lo mismo que ocurre con el A. T., que se interpreta y cada cual saca conclusiones a su gusto. Si san Pablo se refiere a los alimentos que comemos, tiene razón; si creo que la carne de cerdo, por poner un ejemplo, también podría ser un caramelo o una naranja, digo que, si yo como algo que conscientemente sé que no debo poner en mi boca, estaré atrayendo hacia mí energía negativa que hará que ese alimento me siente mal, que me enferme y, si el sentimiento de culpa persiste, estaré acumulando más energía negativa que hará que enferme de verdad. Habré acumulado energía negativa y ¡habré pecado!

¿SOLO FE O FE Y RAZÓN? (CONOCIMIENTO)

El papa san Juan Pablo II fue siempre muy duro y exigente en la ortodoxia del dogma, sin permitir desviación alguna sobre la ortodoxia de la Iglesia, que, sin embargo, iba acompañado de una gran sensibilidad a la hora de trasmitir el mensaje.

En la encíclica *Fides et ratio* del año 2000, dice: «La fe necesita de la razón para no verse reducida al mito o a la superstición».

También dijo: «No puede haber competencia alguna entre la razón y la fe».

La Iglesia reconoce los esfuerzos de la razón para alcanzar objetivos que hagan la existencia personal más digna. Y atacó a quienes «han sustituido con la duda sistemática cualquier posibilidad de certezas», reafirmando de este modo la existencia de la verdad absoluta, para él y para muchos la verdad religiosa, la verdad de la Iglesia católica.

«MI» VERDAD Y FE

Voy a intentar explicaros qué es para mí la «verdad», qué entiendo yo por «verdad».

La verdad, resumida, es la que recitamos en el credo: la verdad es Dios, es la Santísima Trinidad, que son el Padre, su hijo Jesucristo y el Espíritu Santo. Es la santísima Virgen María y también los ángeles, los santos y cuantos seres habitan en el cielo o paraíso.

También es verdad el infierno, a cuyo frente está Satanás, con todos sus demonios y con las almas que desde Caín hasta hoy han seguido las enseñanzas de Satanás por desconocimiento de la «verdad» o porque así lo han querido.

También es verdad el purgatorio, lugar de tránsito donde están las almas de los que fallecieron sin estar completamente limpios, a la espera de que, con nuestras misas, nuestras oraciones y la misericordia de Dios, se les libre de su tortura y puedan ascender limpios de toda energía negativa, al paraíso.

Y, perteneciendo como lo anterior al ámbito de la fe, también es verdad la presencia de Jesucristo en el pan y el vino consagrados por los sacerdotes (verdad indiscutible y sin ningún género de duda).

LA VERDAD «REVELADA»

También es verdad y ya no solo fe, los relatos del Antiguo Testamento, pues cada suceso o evento que ocurrió en su tiempo fue contado y escrito por las personas que fueron testigos de las relaciones de Dios con el «pueblo elegido». El testimonio escrito por los profetas anunciando la venida del Mesías para reparar el pecado de Adán y Eva; el nacimiento del Mesías prometido con la necesaria colaboración de la Virgen María; su predicación, pasión, muerte, resurrección y ascensión al paraíso.

También son verdad los cuatro Evangelios, escritos por los apóstoles con la inspiración del Espíritu Santo; y son verdad las cartas de los apóstoles, en cuanto aclaración y discernimiento del camino a seguir marcado en los Evangelios.

Es verdad la figura y autoridad del papa, instituida por Jesucristo. Y es verdad y así lo acepto de todo corazón, que la santísima Virgen María es mi madre, pues el propio Jesucristo me la dio como tal estando clavado en la cruz.

Es verdad el catecismo de la Iglesia católica, en cuanto que es el desarrollo pormenorizado y adecuado a cada tiempo de lo escrito en los Evangelios.

Reconozco como verdaderas, en mi conciencia, las apariciones y revelaciones privadas de Jesucristo y de la Virgen María que ayudan a la mejor comprensión del mensaje evangélico y en algunos aspectos lo complementan y le dan sentido.

Reconozco como verdaderos los mensajes de futuro tenebroso y dramático para la humanidad, relatados en estas apariciones y que están en consonancia con el Apocalipsis de san Juan. Creo y espero como verdad que estos dramáticos sucesos puedan aplazarse o disminuir la intensidad del sufrimiento y hasta incluso anularse, si una parte de la humanidad se fortalece en la fe y con oraciones y sacrificios, pueda acumular tanta energía positiva como energía negativa está acumulando la otra parte.

También es verdad, que, como dijo un santo: «En Dios vivimos, nos movemos y existimos». Lo que aquel hombre nos dijo es que «todo es Dios» y que «sin Dios o fuera de Dios no hay nada».

Porque es verdad que todo está relacionado entre sí; todos los eventos imaginables están relacionas entre sí y en/con Dios. Todo está gobernado por las leyes de Dios. Los humanos adquirimos la capacidad de obrar el bien o el mal como consecuencia del pecado original, de la mentira de Satanás. Adán y Eva pasaron, de ser un espíritu puro a semejanza de Dios, a vivir dentro de un cuerpo que está hecho de materia y que está dominado por Satanás.

Es verdad y creo en la resurrección de los muertos, y que después de la resurrección seremos como Jesucristo resucitado, con la perfección del alma que viene de Dios y con la perfección del cuerpo purificado por Dios.

Niego como verdad toda manifestación, provenga de donde provenga, esté promovida por quien esté promovida, que suprima, modifique, anule o cambie el sentido del más mínimo precepto de la Iglesia católica referido al ámbito de la espiritualidad y de las relaciones entre los humanos y entre los humanos y lo divino.

Niego como verdad las revelaciones privadas que nieguen, modifiquen, supriman o cambien el sentido de las revelaciones de Dios, de Jesucristo y de los apóstoles.

Niego como verdad la interpretación que algunos que se llaman a sí mismos «creyentes católicos» hacen de las normas escritas de la Iglesia católica para adecuarlas a sus gustos o necesidades personales, especialmente referidos a la confesión, comunión, a la santa misa, y a todo aquello que promueva la adecuación de los preceptos de la Iglesia a los gustos personales de cada creyente o a las corrientes de opinión imperantes en cada época.

Niego como verdad las interpretaciones que algunos sacerdotes católicos hacen de la Biblia, diferentes y extrañas al espíritu de la Biblia, que siembran la semilla de la duda y la pérdida de la fe de los creyentes, acercándoles al pensamiento o filosofía de los protestantes.

ANGLICANOS Y LUTERANOS

Niego la verdad de la enseñanza cismática de Lutero porque, en primer lugar, tergiversó las Sagradas Escrituras cambiando el espíritu y enseñanza de las mismas para poder diferenciarse de los católicos. En segundo lugar, para triunfar se alió con el poder civil, que, deseoso de emanciparse del Imperio español, se unió a Lutero, promoviendo guerras fratricidas. En tercer lugar, porque Lutero, desoyendo las más elementales enseñanzas de Jesús, el príncipe de la paz, promovió y alentó las matanzas de todos los que se opusiesen a su poder y enseñanza. En cuarto lugar, porque Lutero, según testigos de la época, en sus últimos años fue víctima del pecado de la gula, era comilón y borracho, sus facultades mentales fueron disminuyendo y, según se dice, murió ahorcado en su propia cama. Y, en quinto lugar, porque, según el testimonio de la vidente beata Serafina Micheli, Martin Lutero está en el infierno sometido a tormentos especialmente crueles, en consonancia y proporción a sus pecados.

Niego la verdad del anglicanismo porque su nacimiento mismo es producto del pecado de la lujuria. El papa no consintió le anulación del matrimonio de Enrique VII con su segunda esposa, por lo que el rey se rebeló contra la Iglesia católica, creando su propia religión y erigiéndose a sí mismo como papa o cabeza de su Iglesia. Él y sus descendientes prohibieron el catolicismo en todos sus dominios, los católicos fueron perseguidos, asesinados, despojados de sus propiedades y de sus derechos ciudadanos, se les prohibió ejercer cualquier empleo público, se les prohibió tener templos y escuelas. Inglaterra, que hasta entonces había sido católica, fue obligada por la fuerza a convertirse a la nueva religión y las leyes discriminatorias contra los católicos han sido de aplicación hasta hace relativamente muy pocos años.

¿Cómo puede ser verdadera una religión que nace del pecado? ¿Acaso no han surgido del anglicanismo todas las sectas que se autoproclaman verdaderos seguidores de la Biblia y los Evangelios?

Se dice en Mateo 7, 15-17: «Cuidado con los profetas falsos, esos que se acercan con piel de oveja, pero por dentro son lobos rapaces. Por sus frutos los conoceréis; a ver, ¿acaso se cosechan uvas de las zarzas o higos de los cardos? Así los árboles sanos dan frutos buenos; los árboles dañados dan frutos malos. Por sus frutos los conoceréis».

Si la Iglesia anglicana y la Iglesia de Lutero son árboles nacidos del pecado, ¿acaso no son falsos profetas los «pastores» que dicen tener línea directa con Dios, para consultarle la solución de los problemas propios y los de su rebaño? ¿Acaso no son falsos profetas esos «pastores» que predicen hechos venideros porque «Dios se los ha revelado» y después, cuando no se cumplen sus profecías, encuentran excusas adecuadas?

Si desde que esas iglesias nacieron su finalidad explícita ha sido y es la destrucción de la Iglesia católica, a la que desde entonces odian, llaman al papa «anticristo», buscan con perseverancia y enconamiento la apostasía de los católicos y la persecución y descrédito del clero católico, con calumnia y difamación incluidas, ¿pueden estar revestidas de santidad esas iglesias en las que el pecado forma parte de su esencia? Las revelaciones que algunos de ellos dicen tener, ¿no será que Satanás les habla al oído, incitándolos a mermar el rebaño de la Iglesia católica?

Porque, si el árbol es malo, no se puede esperar de ellos que den fruto bueno.

ECUMENISMO

Acepto como verdad la promoción del ecumenismo con las iglesias ortodoxas autocéfalas y con la Iglesia copta.

Niego como verdad el ecumenismo con todas las confesiones descendientes del anglicanismo o del luteranismo porque, considerándose ellos poseedores de la verdad absoluta, solo pueden pretender que sean los católicos los que se acerquen a su doctrina. Mejor será que Satanás vaya solo; no nos mezclemos con ellos si no es para que vuelvan a la Iglesia católica y bajo la autoridad del papa.

Niego como verdad el ecumenismo con la religión islámica, desde siempre enemiga mortal del cristianismo. El cristianismo y el islamismo solo coinciden en una cosa: en las dos religiones se reconoce a un solo Dios, pero son tan diferentes el uno del otro que, por ese solo motivo, ya niego la validez del ecumenismo con el islamismo. Niego el islamismo porque entre sus normas está la condena a muerte del no creyente, del apóstata y de los que pretendan enseñarles otra religión. Niego al islamismo porque condena a la mitad de la población (el sexo femenino) a ser mera cosa, a ser objeto para el servicio y disfrute del sexo masculino y la reproducción, incluso, los hombres que sean premiados con el paraíso estarán acompañados de bellas huríes para servirles y complacerles. Porque, igual que nosotros esperamos la segunda venida de Nuestro Señor Jesucristo, ellos también esperan la venida de su salvador y, para entonces, todos los habitantes del planeta tierra deberán ser musulmanes. Estas pocas razones, entre otras muchas que vosotros sabéis y que yo no voy a repetir, son suficientes para repudiar cualquier tipo de ecumenismo con el islamismo.

Niego que sea verdadero el budismo porque, aun siendo su norma y su práctica el amor, la bondad y la compasión, la sola lectura de sus textos nos aleja extraordinariamente de la Santísima Trinidad y, aunque no niego la reencarnación de las almas de sus practicantes, la niego rotundamente para los cristianos.

Niego la verdad de cualquier práctica de meditación (yoga, reiki, etcétera) porque su práctica continuada induce a un estado de consciencia e inconsciencia cargado de energía negativa que predispone al practicante a futuras desgracias e infelicidad porque nos alejan de Dios.

Acepto el ecumenismo con el pueblo judío o semita porque adoramos al mismo Dios y, al final de los tiempos, reconocerán a Jesucristo como el Mesías prometido.

Niego como verdad cualquier práctica religiosa, filosófica, de sanación o curación, etcétera, que para su desarrollo y puesta en práctica consista en el uso y manejo de energía negativa, energía oscura o energía de Satanás.

SACERDOTES CATÓLICOS

Niego como verdad las afirmaciones de algunos sacerdotes como estas: «Dios ni ama ni puede ser amado», «Ni una sola palabra de la Biblia es de Dios en sentido propio. Ni siquiera los diez mandamientos los ha dicho o escrito Dios». «Podemos decir que la Biblia es palabra de Dios, pero es, sobre todo, palabra humana y, como tal, nunca podrá ser definitiva». «No se puede obligar por ninguna ley o mandamiento a los fieles a oír y participar en la Santa Misa los domingos y fiestas de guardar bajo pena de pecado mortal».

Parece que estos sacerdotes son pastores evangélicos infiltrados en la Iglesia católica para sembrar la duda y el desconcierto entre los fieles; parece que, como los pastores evangélicos, escuchan revelaciones de Satanás y se erigen como intermediarios entre Dios y los humanos para que los que los escuchan aprendan una nueva manera de comprender las Escrituras. Nos están diciendo que entendamos las Escrituras según los dictados de nuestra mente. Más protestante, imposible.

Acepto como verdad el Antiguo Testamento, revelación de Dios a los humanos, que nos cuenta y nos explica la relación de Dios con el «pueblo elegido» y en consecuencia con la humanidad toda; también porque anuncia y prepara la venida del Mesías Redentor.

Acepto como verdad absoluta el Nuevo Testamento porque está redactado según las enseñanzas de Jesús, Dios, y nadie como él conoce la psique humana, nuestro inconsciente, y sus consejos son certeros.

Acepto como verdad todo lo que a lo a lo largo de dos mil años los papas nos han prescrito para el correcto cumplimiento de las enseñanzas de Jesús (y de la Biblia).

Acepto como verdad la razón y el conocimiento que sirven para demostrar la veracidad de la palabra y el espíritu de la Biblia, que fue redactada por inspiración divina, y acepto como verdad todo lo que ayude a la comprensión de lo que en ella está escrito según el Espíritu Santo.

Toda institución que perdura en el tiempo es cierto que se va adaptando a las necesidades y cambios que experimentan sus miembros, los que las dirigen y los que las componen de base. Pero no podemos los humanos pretender ahora, porque así nos lo piden los que están bajo la influencia de Satanás, cambiar algo que existe desde la misma creación del universo, algo que forma parte de Dios, porque es Dios mismo, entonces,

¿cómo podemos pretender ahora, nosotros, miserables humanos, microbios inmundos del universo creado, enmendarle la plana al propio Creador? ¿Acaso no es eso el pecado de insolencia y soberbia disimuladas con el pretexto tan anglicano de «ser nosotros mismos»?

ATRACCIÓN Y ENERGÍA

Acepto como verdad, y lo afirmo, que todos los humanos manejamos energías positivas y negativas. Cuando decimos en oración: «... he pecado de pensamiento, palabra, acción u omisión», estamos reconociendo ante Dios nuestra facultad de acumular energía, y, en el caso de esa oración, reconocemos que hemos acumulado energía negativa.

Cada vez que faltamos a alguno de los mandamientos, a los consejos de Jesús, acumulamos energía negativa: de pensamiento, cuando sentimos envidia, rencor, avaricia, soberbia, deseamos lo de otros, etcétera; de palabra, cuando blasfemamos, maldecimos, mentimos, difamamos, calumniamos, etcétera; de acción, cuando matamos, robamos, adulterio, etcétera; de omisión, cuando actuamos como el levita y el sacerdote de la parábola del buen samaritano, etcétera.

Y, consecuentemente, también acumulamos energía positiva, que aumenta nuestro nivel de consciencia, nuestro conocimiento de Dios, nuestra capacidad de comprender lo que es la verdadera realidad del propósito de nuestra vida aquí, en la tierra, y de la cabal comprensión del mundo que está fuera de nuestros cinco sentidos. Acumulamos energía positiva cuando oramos, cuando asistimos y participamos en los servicios religiosos, con fe y sin distraernos; cuando adoramos o recibimos a Jesús, Dios sacramentado; cuando leemos y meditamos los

Evangelios o los diferentes libros de la Biblia; cuando sentimos amor, misericordia, compasión; cuando perdonamos; cuando recibimos los sacramentos y, sobre todos ellos, la penitencia, la confesión (con un sacerdote).

Niego la verdad y conveniencia de repetir las palabras que el sacerdote pronuncia en la misa: «... por mi culpa, por mi culpa, por mi grandísima culpa» y golpeándose el pecho porque ¿de qué soy culpable?, ¿por haber nacido?, ¿por ser descendiente de Adán y Eva?, ¿por los pecados de mis ascendientes?

Porque, si es por mis pecados, me he arrepentido por las faltas que he cometido, las he confesado con el sacerdote, he cumplido la penitencia y he hecho propósito de enmienda, entonces, ¿de qué me tengo que sentir culpable? Porque, además, como la culpa conlleva castigo, ¿por qué me arriesgo a recibir un castigo que no se ni cómo ni dónde ni cuándo ni de qué intensidad será por haber dicho que soy culpable?

DIOS Y LOS NO CREYENTES

Te guste o te disguste, lo aceptes o lo rechaces, lo creas o lo niegues, no importa lo que pienses o digas, no deja de ser una opinión o un punto de vista con el que te sientes seguro de ti mismo, pero a pesar tuyo si lo niegas, lo rechazas o te disgusta, Dios existe, tenemos alma que es eterna y estamos gobernados por leyes naturales que no se nos enseñan convenientemente.

La gran mayoría de la gente quiere vivir sin Dios; rechazan la idea de Dios y no quieren que nadie se inmiscuya en sus vidas; que les digan lo que tienen que hacer y lo que no deben hacer; que les digan lo que deben pensar y lo que no deben pensar; que les digan cómo han de ser sus relaciones con los demás, sea el que vive en la misma casa, el vecino o el que está en las antípodas. Y menos aún van a recibir lecciones de comportamiento de un Dios al que desconocen o quizás conocen superficialmente. Porque ninguno de ellos se ha leído la Biblia o el Nuevo Testamento ni tampoco conocen los cuatro Evangelios.

Miden a Dios no por lo que haya dicho o hecho con relación a nuestro mundo, sino por lo que dicen y hacen y cómo se comportan los «representantes» de Dios en la tierra, o sea, el clero, sean sacerdotes, obispos, papas, frailes, abades, monjas, etcétera, y, por supuesto, tampoco les interesa ver el «trigo limpio», que es la inmensa mayoría, pero sí que se dejan impresionar por la cizaña, que es poca, pero que el enemigo se encarga de airear, repetir y multiplicar para que quede claro quién es el malo de la película. También están los que la sabiduría popular llama «beatos» en sentido peyorativo, que se arrodillan en la iglesia y rezan así: «Señor, pequé, *¿a qui fotré?*», y que en nada han ayudado a santificar la Iglesia.

DIOS Y NOSOTROS

«Jesucristo nos enseña a llamar a Dios Padre. Dios es el Padre de Jesucristo y Padre nuestro, aunque no en el mismo modo, porque él es el Hijo Unigénito y nosotros hijos adoptivos. Pero somos verdaderamente hijos, hermanos en Jesucristo. Porque el Espíritu Santo ha sido enviado a nuestros corazones y participamos de la naturaleza divina».

Este texto está extraído del ideario del Opus Dei. Entiendo que es la postura oficial de la Iglesia en general, de todos sus estamentos. Pero, cuando tengo que comprenderlo, me encuentro que tengo que cuadrar el círculo. Misión imposible. Me dicen que soy hijo y me dicen que no soy hijo.

En el Génesis se nos dice que Dios hizo a Adán a su imagen y semejanza. Y ¿cuál es el semblante de Dios? La imagen que le dan los pintores es la de un señor muy mayor con barba y canas blancas. Pero a Dios no se le puede representar, es absolutamente imposible, porque Dios, al ser todo, no tiene imagen, no tiene forma. Jesucristo tiene forma humana y así se representa y al Espíritu Santo se le representa en forma de paloma o como lengua de fuego, pero a Dios, no, no se le representa. Entonces, ¿en qué me parezco a Dios? Físicamente en nada. ¿No nos dicen que nuestro cuerpo es templo del Espíritu Santo? Entonces, Dios es esa chispita que mantiene mi cuerpo con vida. Por lo tanto, Dios está en mí. Y esa chispita, que va creciendo desde que el óvulo y el esperma se unieron hasta convertirse en un cuerpo adulto y que, cuando muramos, esa chispita, ya con apariencia humana, volverá al seno de Dios. Vino de Dios y a Dios vuelve. Eso sí, siempre que nos lo hayamos ganado, porque mi alma será aquello con lo que yo identifique mi cuerpo. Y si identifico mi cuerpo con sus capacidades terrenales y cosas que solo sirven aquí en la tierra, cuando fallezca, mi alma se va a quedar aquí, entre sus cosas, entre las cosas que tanto quiso y apreció y con las que se identificó. Al final de los tiempos vendrá el Señor y, como un imán, atraerá hacia sí todas las almas que estarán cargadas de energía positiva, y las que estén cargadas de energía negativa serán atraídas por Satanás. Jesucristo nos habla de separar, no habla de un juicio como tal, dice que separará a los buenos de los malos; lo del juicio es una interpretación figurada de lo que va a suceder. Dios no juzga, separa. Somos nosotros nuestros propios jueces a la vista de lo que ha sido nuestra vida; cuando morimos, se nos pasa como una película de lo que ha sido nuestro paso por este mundo; las almas de los que han sido justos puede que vayan directamente al cielo, pero las de los que no han sido justificados se quedan en este mundo, alrededor de las cosas con las que estaban identificadas hasta el fin de los días. Antes de la venida y muerte de Jesús, no ocurría así, por eso cuando Jesús murió en la cruz, dice el evangelista (Mateo 27, 52-53) que «Tembló la tierra, las rocas se partieron, algunos sepulcros se abrieron y los cuerpos de muchos creyentes que habían muerto resucitaron; después de la resurrección de Jesús salieron de sus tumbas, entraron en la ciudad santa y se aparecieron a mucha gente».

Jesús nos dice repetidamente que somos hijos de Dios y que somos hermanos suyos, también nos dice que en el A. T. se nos dijo que éramos dioses. ¿En qué quedamos? ¿Somos o no somos? Estoy seguro de que los que un día decidieron explicarlo así debieron tener razones de suficiente peso para no decir la verdad. Imaginaos que a los bárbaros de entonces se les dice que son dioses, que tenían poder para hacer lo que les diese la gana, la podrían haber liado.

La Iglesia no contempla esa posibilidad; es más, la niega.

COMO COMPLEMENTO A UN ESCRITO ANTERIOR

A continuación, os expongo algunas reflexiones sobre aspectos religiosos.

Voy a repetir cosas que ya dije y voy a incluir otras nuevas que en su momento no me pareció oportuno para no hacer un resumen exhaustivo de los males de la Iglesia y que ahora voy a escribir para mí y para el que lo quiera leer.

Como ya os dije, hay actuaciones o comportamientos de la Iglesia que me cuesta entender, que no comprendo porque no me cuadran y porque son difíciles de aceptar.

¿Por qué en amplios sectores de la Iglesia, si no es toda ella al completo, se pone tanto énfasis en A. T.? Nos dice Jesús que «Él ha venido a darle su forma definitiva a la Ley». Y, aparte de decirnos repetidas veces que él es el Mesías prometido por Dios y los profetas, no nombra el A. T. si no es para enmendarlo. Entonces, si el N. T. completa y da su forma definitiva al A. T., si con el N. T. alcanzamos la salvación y la vida eterna, ¿para qué necesitamos perder el tiempo con el A. T.?

Bueno, a mí particularmente me gusta la historia y en el A. T. hay muchas historias que pueden haber sido reales, otras son fantásticas y puede que reales también, porque para Dios no hay nada imposible de realizar. El Génesis es una historia increíble, es verdadero, pero no lo podemos tomar al pie de la letra. Es una alegoría o una interpretación de lo que realmente pudo haber ocurrido. También hay historias de personajes que nos enseñan el camino que recorrieron para llegar a Dios. Jesús también nos enseña el camino que debemos seguir para llegar al Padre.

En los primeros siglos después de Cristo, el nivel de consciencia de sus seguidores era altísimo. La mayor caída se produce después del Concilio de Nicea, al parecer, por la divulgación de interpretaciones erróneas de las enseñanzas que tuvieron su origen en ese concilio. A principio del siglo XI sucede la segunda caída del nivel de consciencia del cristianismo a menos de la mitad del que tenía en tiempos de Cristo y que es el nivel que tiene actualmente, y que está por debajo del nivel de consciencia del amor.

El cristianismo fue abandonando paulatinamente las enseñanzas de Jesucristo para acoger y guiarse por los preceptos y enseñanzas del A. T., interpretables y de nivel de consciencia muy débil.

Después de la escisión de la Iglesia en dos corrientes, ortodoxos en oriente, Constantinopla, y en occidente, Roma, la segunda corriente cristiana que amenaza el poder de Roma fueron los cátaros, los *bons homes*. Alcanzaron tal poder que la Iglesia de Roma organizó la primera cruzada para extinguirlos. Santo Domingo no pudo convencerlos de que volver al redil de Roma podía ser mejor para ellos, así que se organizó la primera cruzada. Al entrar en una ciudad conquistada la orden fue: «Exterminadlos a todos, que no quede ni uno», «Pero, señor, que también hay de los nuestros», «No os preocupéis por eso, que Dios escogerá a los suyos y a los demás los mandará al infierno». O cuando entraron en otra ciudad y tomaron a los que podían caminar, les arrancaron los ojos a todos menos a uno y los enviaron al próximo pueblo guiados por el tuerto, para que tuvieran miedo y se rindieran; acabaron todos muertos. ¡Ah! Y el rey francés, Luis, se sirvió de la cruzada para anexionarse un territorio que nunca había sido francés, que pertenecía a la Corona de Aragón, y además se apodera de él completamente libre de enemigos que pudieran rebelarse y disputarle el dominio y, como premio a todas las atrocidades cometidas, lo pusieron en los altares y desde entonces es san Luis; no pongo en duda que su alma pueda estar en el cielo, pero ¡tanto como santo...! ¡Después de lo que había hecho...!

Allí nació la Santa Inquisición para dominar a los extraviados cátaros y que ha durado casi hasta nuestros días. Con el rosario de atrocidades cometidas a lo largo de los siglos, aunque los cristianos no católicos le atribuyen muchas que no son de su responsabilidad. Las excomuniones fueron un negocio redondo para algunos. El poder civil era el brazo ejecutor de la excomunión en nombre y por mandato de la Iglesia y al excomulgado se le despojaba de todos sus bienes y se le dejaba en la calle con lo puesto, sus bienes eran repartidos o adjudicados sin coste alguno con lo que la excomunión podía dejar pingües beneficios; excomulgar pudo ser un negocio interesante.

Después, en el siglo XVI, suceden las dos y últimas grandes desviaciones del catolicismo: el anglicanismo. Hay un rey que es un gran fornicador y va cambiando de mujer cuando le apetece hasta que se topa con el emperador de España y con el papa, y, como no le conceden lo que desea, pues bien, yo me hago papa y me hago mi propia religión y me caso y me descaso cuantas veces quiera; y así lo hizo, fundó su propia religión sobre los cimientos del catolicismo cambiando cuanto era de su conveniencia. ¿Qué se puede esperar de la religión que nace de la lujuria de un rey? Casi todas las sectas que hay esparcidas por el mundo tienen por padre y madre al anglicanismo. El comportamiento de sus seguidores es parejo al del iniciador, si el rey lo hizo, ¿por qué no puedo hacerlo yo también? Eso sin contar las sanguinarias persecuciones de católicos en todos sus dominios.

Ese mismo siglo hizo Lutero la suya. Este sacerdote estaba obsesionado por cómo obtener la justificación ante Dios. Después vino la rebelión contra los usos y costumbres de la Iglesia y se vio favorecido por el clima político de la época, con una parte de la nobleza luchando para independizarse del emperador de España. Ser luterano o protestante era estar a favor de la rebelión y ser católico era ser partidario del emperador. ¿Sabéis cuántas facciones tiene el luteranismo? Me decía un amigo de los Países Bajos que el pastor de cada iglesia en cada pueblo hace su propia interpretación de la Biblia, se pelean entre pueblos a ver quién está en la interpretación correcta.

Pero lo más chocante, tanto de anglicanos como de luteranos, es que basan su identidad en profesar un odio profundo a la Iglesia católica; si no odian, no se sienten religiosos.

¿Qué hizo la Iglesia de Cristo para que le saliesen tantos «enanos»? Al desviarse de las enseñanzas del Evangelio y acoger las del A. T., porque le convenían para la defensa de sus intereses mundanos, empezó a acumular energía negativa hasta tal punto de poder que le reventó en las manos. Da una idea del ansia de poder de los miembros de la Iglesia, que en algún momento llegó a tener hasta tres papas. No eran servidores de Dios, eran políticos, como los que ahora mismo nos gobiernan, corruptos, servidores del poder y del dinero, como aquellos que tanto criticó Jesús. Es duro decir estas cosas, pero así lo siento.

Esas son, según mi parecer algunas de las causas principales del profundo deterioro de la fe entre los fieles del cristianismo, antes y ahora, porque, como dice el refranero: «De aquellas aguas vienen estos lodos».

Habría que preguntarse cómo sería el mundo de hoy si el cristianismo hubiera valorado la conducta moral y se hubiera mantenido solo bajo las doctrinas del Nuevo Testamento.

Considero que, si la Iglesia hubiese seguido como en los primeros tiempos bajo la estricta doctrina de Jesús, el mundo sería otro. Dije antes que el cristianismo está por debajo del nivel del amor. En los Hechos de los Apóstoles se lee que aquellos hombres tenían sobre sí el poder del Espíritu Santo, podían hacer milagros, compartían lo que tenían, imponían las manos y trasmitían el Espíritu Santo; no hay ninguna semejanza con los actuales miembros del clero. ¿Cuándo desapareció aquel poder? ¿Dónde está ahora? ¿Quién lo tiene? ¿Se podrá recuperar?

¿Sabéis que la mayoría de las sectas que hay son desviaciones del anglicanismo? ¿Y que todas estas sectas tienen como base de su credo al A. T., incluidos luteranos y anglicanos?

Si la Iglesia se hubiese mantenido fiel a las enseñanzas del Evangelio, como hacían los cristianos de los primeros tiempos, amando y enseñando a amar, practicando la misericordia y el perdón, acumulando y despidiendo grandes cantidades de energía positiva, manteniéndose apartada del poder secular o poder civil para realizar su propósito de expansión del cristianismo, sin interferencias externas que desvirtuasen el mensaje de Jesús, me pregunto yo: ¿habría aparecido Mahoma? ¿Tendría razón de ser el anglicanismo? ¿Se habría rebelado Lutero contra Roma? ¿Qué hicieron los jesuitas para ganarse su expulsión del imperio y su casi desaparición?

Todos hicieron lo contrario de lo que Jesús nos propuso que hiciésemos para vivir en paz y armonía. No todo se hizo mal, pero se hicieron muchas más cosas mal que bien, con lo que la acumulación de energía negativa fue tremenda y con la subsiguiente y actual decadencia de Occidente, que es más energía negativa, la que se está preparando es buena.

Para reflexionar:

¿Cuántos de los diez mandamientos incumplieron repetidamente los cristianos para llegar a esos extremos de desvirtualización del Evangelio?

¿Qué nos diría Jesús si apareciese por este mundo ahora?

¿Cuánta energía negativa lleva Occidente acumulando desde hace años?

Nos dijo Jesús: «Al que trate a un hermano de renegado de la fe, es merecedor del infierno». «Ama a tus enemigos y bendice a los que te persiguen».

LA VIDA ES UN ESPEJO

Sobre la base de una conferencia de Enric Corbera, con arreglos y modificaciones de Juan Ibáñez Valero.

Todas las circunstancias que ocurren en nuestra vida tienen un sentido, tienen un para qué y tenemos que descubrir el mensaje oculto que llevan. Quien realmente nos informó sobre todo esto fue Carl Gustav Jung cuando describe lo que él denomina «la sombra» (el inconsciente).

En general, la gente, cuando esas circunstancias son buenas, agradables, nos hacen felices o cumplen nuestros deseos, decimos que nos lo hemos ganado, que nos lo merecemos o que es consecuencia de un golpe de suerte. Si las circunstancias que nos llegan son malas, desagradables, decimos que alguien nos ha hecho una mala pasada, que tenemos mala suerte o qué desgraciados que somos, etcétera. Lo que debemos hacer siempre si las circunstancias que nos llegan son buenas es dar gracias a Dios o a aquellos santos de nuestra devoción; si las circunstancias que nos llegan son malas, lo que debemos hacer es preguntarnos a nosotros mismos qué hemos pensado, qué hemos dicho o cómo hemos actuado para que el resultado sea el que nos ha llegado.

Debemos saber y tener presente que, de la información que maneja nuestro cerebro y según han podido comprobar los investigadores, entre el 93 y el 97 % va por debajo del nivel de conciencia, según de qué persona se trate, claro; o sea, que nuestro cerebro trabaja sin que nosotros nos enteremos. Entonces podemos deducir que nuestro libre albedrío, del que tanto presumimos, es consciente de entre un 3 y un 7 % de la información que manejamos cuando debemos tomar decisiones, el resto está influido por la sombra o inconsciente que normalmente tiene a su timón a Satanás sin que nosotros lo notemos.

Nosotros estamos proyectando los defectos o deméritos guardados en nuestro inconsciente en los demás y no lo sabemos reconocer y constantemente estamos en conflicto con nosotros mismos sin que realmente nos demos cuenta de ello. Pero esto no empieza con Jung, en el Evangelio de san Mateo 7, 1-5 nos dice Jesús: «No juzguéis y no os juzgarán; porque os van a juzgar como vosotros juzgáis y la medida que uséis la usarán con vosotros».

¿Por qué te fijas en la mota que tiene tu hermano en el ojo y no reparas en la viga que tienes en el tuyo? O ¿cómo vas a decirle a tu hermano «Deja que te saque la mota del ojo», con esa viga en el tuyo? Hipócrita, saca primero la viga de tu ojo; entonces verás claro y podrás sacar la mota del ojo de tu hermano.

YO SIEMPRE ESTOY EN LUCHA CONMIGO MISMO Y NO SOY CONSCIENTE DE ELLO

Veamos algunas reflexiones de Carl Gustav Jung:
* Lo que no hacemos de manera consciente se manifiesta en nuestras vidas como destino (decimos que es el destino).
* Uno no se ilumina imaginando figuras de luz, sino haciendo consciente la oscuridad de nuestro inconsciente, un procedimiento trabajoso y por lo tanto impopular.

Si queremos despertar, si queremos tomar conciencia de quiénes somos, tenemos que comenzar a indagar en la oscuridad de nuestro inconsciente, también llamado «sombra».

Debemos esforzarnos para disminuir ese 93-97 de trabajo inconsciente que hace nuestro cerebro y así evitar en lo posible la interferencia de Satanás en nuestras vidas.

Hemos de tomar conciencia de que, en los pequeños detalles, el inconsciente lo estamos manifestando las veinticuatro horas del día. Ejemplo: aquel señor o señora que durante el día se empeña en mantener una máscara social perfecta cara al mundo. Y todo el mundo dice «Es una persona maravillosa», pero, cuando llega a su casa, se transforma en una bruja con un grano en la nariz. Y empieza a dar escobazos a sus hijos. O aquel padre que tiene que soportar el abuso de poder de su jefe, ser servil y, cuando llega a su casa, abre la puerta y se transforma como el Mr. Hide. Y encuentra algo que no está «en su sitio»: «¿Quién ha puesto aquello allí?», y zumba y zumba. Eso es el inconsciente. Hay películas que hablan sobre las dos polaridades.

El mejor amuleto que hay para el control de la personalidad y el inconsciente es muy simple: solamente hay que ser coherente. Si te gusta, di que sí; si no te gusta, di que no. Si queremos sanarnos, debemos aprender a ser coherentes. La resignación, el no posicionarse, el quedarse en medio es energía negativa que, a la larga o a la corta, se somatizará en una enfermedad. Y esto es lo importante. Siempre estamos proyectando nuestro inconsciente hacia los demás y debemos tomar conciencia de ello.

Para ser coherentes debemos tener muy claro qué significa el amor y el respeto hacia uno mismo y hacia los demás. Si hay egoísmo, ni hay amor ni hay respeto ni se es coherente.

Ejemplo: toma conciencia de tu sombra y liberarás el inconsciente y tomarás conciencia del espejo. Nuestro inconsciente proyecta en los demás las necesidades inconscientes de uno mismo.

Cuando hablamos del espejo y de liberar el inconsciente, no tenemos que hacer grandes meditaciones ni hacer cosas ra-

ras. ¿Por qué, cuando veo a fulano, me altero y me pongo nervioso? ¿Por qué, cuando aquel habla, me dan ganas de sacarlo de mi presencia? Y así más y más; todas aquellas personas que alteran mi estado de ánimo y que me hacen protestar y enfadarme lo que me están dando a entender es que yo tengo los mismos defectos negativos o las mismas adicciones que esa persona, tenemos la misma polaridad negativa y nos repelemos. En la medida que más te esfuerces en cambiar el espejo, menos el espejo va a cambiar. Y el espejo no va a cambiar hasta que tú no tomes conciencia de que el espejo lo que refleja es tu propia manera de actuar y pensar. Así, cuando tú tomes conciencia de que lo que te molesta del otro también lo tienes tú, ¡dejará de molestarte! El espejo se desvanece cuando tú rectifiques.

Veamos lo que nos dice *Un curso de milagros*.

Las interpretaciones que haces de las necesidades de tu hermano son las interpretaciones que haces de las tuyas propias.

Tu hermano es el espejo en el que ves reflejada la imagen inconsciente de ti mismo mientras dure la percepción.

No atribuyas a tu hermano tu propia negación de la alegría.

Todo lo que ves fuera de ti, es el juicio de todo lo que tiene tu inconsciente. Los consejos que das a tus hermanos, son los consejos que tú necesitas. Cambiar al otro es fácil, cambiar yo es difícil. Pero resulta que el otro piensa lo mismo que tú. Y siempre estamos así. No avanzamos.

Pues la mente que juzga se percibe a sí misma como separada de la mente juzgada, creyendo que al castigar a la otra mente puede liberarse de la culpa y del castigo.

Cuando te hayas visto a ti mismo en tus hermanos, te liberarás y gozarás de perfecto conocimiento.

Verás tu valía a través de los ojos de tu hermano y cada uno será liberado cuando vea a su salvador en el lugar donde pensó que había un agresor.

Nadie me está haciendo esto a mí, sino que soy yo quien me lo estoy haciendo a mí mismo por mediación de mi hermano.

Tenemos una gran afición a lo que se llama «la culpabilidad». Una afición de proyectar en los demás la culpa o la responsabilidad de todo lo que nos ocurre a nosotros. No debemos proyectar siempre sobre los demás nuestras propias desgracias. Una de las formas para aprender a conocer nuestros espejos se llama «las relaciones». El mejor maestro nos lo han puesto a nuestro lado y muy cerquita, se llama esposa, marido, pareja, hermanos, padres, socios, amigos, compañeros, jefes...

Las relaciones siempre nos enseñan, a través de las personas que hacen de espejo, cómo nos relacionamos con nosotros mismos. Aquella persona es mi mejor maestro. Si soy una persona que no me quiero, la vida me va a traer un maltratador.

Es así de simple. Y por eso debemos evitar caer en el victimismo, en «pobre de mí». Porque allí tenemos el espejo. Aquella persona que me maltrata me está enseñando cómo yo me maltrato a mí mismo.

Un ejemplo: leyendo el periódico, en un rincón aparecía una noticia. Se juzgaba a un joven por haberle dado una paliza a una chica; preguntado por qué lo había hecho, contestó «que no lo sabía... que quizá fuese porque era gorda...». Si la chica se despreciaba a sí misma por tener un cuerpo del que no estaba nada satisfecha, se encontró con el sujeto adecuado para recordárselo.

Os estoy invitando a evitar juzgar cualquier cosa porque el juicio que estáis haciendo va a ser el juicio que vais a atraer hacia vosotros mismos. Esto es como el que se rompe el brazo y ve a mucha gente que se ha roto el brazo, o se compra un coche y ve muchos coches como el suyo, etcétera. Estás recibiendo la percepción solamente de aquello a lo que tú has prestado atención. Esta persona está viviendo su propio juicio. ¡Juzga a los demás según su propia vida!

¿CÓMO SE MANIFIESTA MI SOMBRA (MI INCONSCIENTE)? ¿COMO DISTINGUIRLA?

Una persona que siempre necesita el apoyo de los demás, que enumera un montón de razones para ello y, en caso de no recibir el apoyo, determina que los demás son malas personas, está a merced de su inconsciente. Para vivir así tienen que reprimir el valor y la sinceridad, que son sus cualidades por desarrollar.

Veamos al adolescente que hace de tortuga, esto hace que atraiga sobre él o ella el inconsciente torturador de otras personas y un día se rebela y la emprende a garrotazos. Esto ayuda a su integración psicológica.

En el primer caso, el de los que necesitan apoyo, son personas chantajistas, manipuladoras, controladoras; y la imagen que proyectan de sí mismos es la de manipuladores, controladores, etcétera. Pero realmente están escondiendo dos virtudes que no quieren desarrollar: el valor y la sinceridad. El valor de tomar decisiones para consigo mismo y la sinceridad de decirlo. El inconsciente no es malo en sí mismo. En el inconsciente ponemos aquello que creemos que es malo. Pero no solo hay maldad en el inconsciente. De hecho, Jung dice que en el inconsciente encontraremos el oro, el poder; se nos ha dicho que tenemos capacidad creadora, pero no nos lo creemos y lo enviamos al inconsciente y lo guardamos allí, ¿y cómo proyectamos el poder del inconsciente en los demás?

¿Cómo lo hacemos? Buscando al líder, buscando al santo de turno, buscando a aquel que nos va a salvar, creyendo que hay alguien afuera de mí que tiene poder sobre mí. Quien se encuentra en un apuro siempre busca el remedio fuera. El amuleto de la suerte, el vidente que lo sabe todo, el santo aquel que es el más milagroso, el san Pancracio para el tema del dinero, el curandero o sanador, el médico aquel que es famoso, siempre estamos proyectándonos fuera. Siempre estamos proyectando nuestro poder en los demás. Jung nos habla de eso cuando nos dice cómo hemos olvidado nuestro poder en nuestro inconsciente.

LAS RELACIONES

Son el mejor argumento para conocernos a nosotros mismos. Nos relacionamos con nosotros a través de nuestras relaciones con los demás. Una forma de verlo es a través de los excesos: sentimientos exagerados contra los demás, acciones impulsivas o inadvertidas («No quería decir o hacer eso»), sentirse humillado, enfados desproporcionados, la atracción a lo morboso, como accidentes, noticias negras.

¿QUÉ ES AQUELLO QUE MÁS TE MOLESTA DE LA PERSONA CON LA CUAL CONVIVES?

* «Cuando lo veo comiendo compulsivamente».
Si te molesta verlo comer compulsivamente, tiene que ver contigo, pero no se trata de que tú comas compulsivamente, que también podría ser. Pero esto no es así de directo. ¿Qué es el alimento? La madre. ¿Qué tal con tu madre? Y, si no te molesta, ¿qué tal el otro con la suya?

* **«Me siento culpable porque no encuentro la razón por la cual la tenga que querer muchísimo, pero...».**

No, no, no. Tiempo. No me cuentes la historia de tu madre. Solo dime qué tal te relacionas con tu madre. Que no la quieres lo acabas de decir ahora. Esto es inconsciente. No quiere a su madre y esto lo califica como malo y lo envía al inconsciente.

* **«Pero ¿qué tiene que ver con comer compulsivamente?».**

Para nuestro inconsciente, el alimento representa a la madre, la que tiene necesidad de alimento es ella. Entonces el inconsciente, cuando ve que se alimenta de algo, que ella llama compulsivamente, es la necesidad inconsciente de alimentarse del amor de madre. Es así de simple.

Una cosa es que a ti no te guste que la gente coma de forma cochina, porque, con levantarte e ir a comer a otro sitio, arreglado. Pero, cuando hay algo en los demás que me molesta, cuando es un exceso, cuando hay algo que te exaspera y no puedes evitar estar ahí y corregirlo, eso te concierne a ti. Y la persona que come compulsivamente que tanto te molesta, ¿qué tal con su madre?

«Su madre falleció cuando él tenía cuatro años y lo envió a vivir con los abuelos». «Fue un embarazo nada deseado».

Está viviendo con una persona con la misma carencia de madre. Dios los cría y ellos se juntan.

Esto es un pequeño ejemplo que lo acabo de improvisar ahora mismo. Solamente para que comprendáis lo sutiles que son estas cosas. Cuando algo nos molesta muchísimo, hay que ver qué hay allí. Y ahora que eres consciente ¿qué vas a hacer? Pues integrar lo que estás viendo y lo más importante, perdonarlo. Porque te voy a hacer otra pregunta: ¿qué tal tu madre con la suya?

«Lo que a mí me han contado es que mi madre se casó con el hombre que eligió mi abuela. Y no se quería ir de donde vivía, pero la abuela quería que saliese del pueblo y se fuese a vivir a la ciudad».

Por tanto, su madre tiene una madre dictadora, ¡sí! Y tu madre es una madre muy dictadora. Es así, cambian las maneras, pero no el fondo. Una abuela dictadora con un par de ovarios y una madre dictadora con un halo de santidad. Siempre es así; las llamamos «polaridades». Siempre es así y hay que saberlo ver. Es como un puzle: sentimientos exagerados para con los demás. Vemos una persona y nos da asco. No lo podemos evitar. O nos pone coléricos, por ejemplo, Mourinho para los culés.

«Es que yo veo a Mourinho y me...».

Pues ya puedes empezar a mirarte. Dime la característica que más te molesta de este espejo.

«Es un chulo y un prepotente».

Pues aplícate el cuento. Quédate con la prepotencia. ¿Cómo eres tú de prepotente y con quién?

«Conmigo misma».

Y ¿cómo eres de prepotente contigo mismo?

«Machacándome constantemente».

Así es ella. Ella no machaca a los demás, se machaca a sí misma. El para qué te machacas de esa manera no tiene que ver contigo. Seguro que es una conducta aprendida. ¿Quién en tu familia machaca o machacaba?

«La abuela».

¿Qué hacía la abuela?

«Machacaba a todo cristo».

Y los demás se dejaban machacar. Y tú has aprendido. Esto es así. Nuestra libertad es patética. Si tenemos el uno por ciento, soy generoso. Nuestro comportamiento está supercondicionado por el inconsciente. Además, el inconsciente siempre va a ganar. Y el inconsciente siempre va a ganar porque allí está aquello que te niegas a vivir. Por eso la iluminación no es hacer aros de luz a tu alrededor, la iluminación es ir a buscar la oscuridad que hay en ti. Hay muchas expresiones que decimos y muchas acciones que hacemos de las que no somos conscientes. Es el inconsciente. Otra forma de ver el inconsciente es cuando yo me siento humillado. «Es que me humillan». ¡Nadie humilla! ¡La humillación está en ti! Otra, enfados desproporcionados, como la del trapo sucio, que no tiene la mayor importancia, y los demás lo miran y dicen: «¿Por esta bobada te pones así?». Estamos frente al inconsciente, frente al espejo.

¿Qué me está recordando esa persona? Además, hay que vigilar muchísimo porque pequeñas cosas pueden provocar grandes enfermedades. En PNL (programación neurolingüística) le llamamos anclajes. Por ejemplo, una persona que ha tenido un cáncer de mama está curada y luego, al cabo de un año tiene una metástasis en un ganglio. Y digo: «¿Desde cuándo?». Y dice: «Desde las elecciones». Y le digo: «¿Qué pasa?». Ella me dice que se encontró con su ex con un anillo tremendo. Y además le dice que tiene un hijo. Y a ella le da un subidón. «¡Veinticinco años queriendo tener un hijo con ese desgraciado y...!». Así que cualquier cosa te puede disparar. Hay que estar muy al tanto. Cualquier evento puede desencadenar en nosotros una cascada emocional que nos desborda. Y nos puede quitar la paz interior en un momento. Cualquier noticia que podamos ver en televisión, una llamada por tonta que sea y va y te desequilibra y echa tu mundo al caos.

Los espejos no son en definitiva solamente una persona, como podéis ver. El espejo puede ser una situación, un comentario, algo que ves en una película. Un anuncio mismo te puede activar de estar contento y alegre a pasar a un estado de tristeza profunda. O cuando te dicen: «Tío, es que cuando tú entras, nos ponemos todos nerviosos».

Atención, te están dando un espejo. ¿Qué pasa? Pero obviamente quienes se lo tienen que mirar son los que se ponen nerviosos. Pero, sobre todo, tú quédate con la impresión que recibes, a ver qué pasa.

Resumiendo, cada vez que respondemos a favor o en contra de algo y nos mantenemos inflexibles, tenemos razones de sobra para pensar que nos hallamos en terreno del inconsciente. Deberíamos:

* Analizar nuestras proyecciones.
* Preguntar la opinión de los demás.
* Investigar nuestro sentido del humor. Las personas que no tienen sentido del humor son las que rechazan y reprimen su sombra.
* Analizar nuestros sueños y fantasías.
* Nuestros lapsus (no sé lo que le ha ocurrido; nunca lo he visto así), lo que queremos ser y no nos atrevemos a ser.
* Mis relaciones con los demás son un fiel reflejo de cómo me relaciono conmigo mismo.

LA MUJER Y SU INCONSCIENTE

El arquetipo de la mujer tiene sobre sus espaldas memorias de dolor, sufrimientos, abusos, violaciones. Su útero contiene memorias ancestrales de dolores silenciosos y silenciados. Cuando las mujeres no se aman a sí mismas, atraen precisamente esto: hombres que no se aman a sí mismos. Todo ello se traduce en adicción, desconfianzas y violencia. La violencia de género es el resultado de memorias ancestrales no sanadas. Cómo el útero de la mujer contiene violaciones dentro del matrimonio, sin ir más lejos. Los celos, las adicciones emocionales, la violencia de cualquier tipo tiene que ver con esto.

EL HOMBRE Y SU INCONSCIENTE

El hombre lleva muchas memorias de dolor profundo educado para no expresar sus sentimientos. Esto aflora en forma de violencia. Hemos sido guerreros, soldados; llorar es de niñas.

El arquetipo del hombre arrastra profundas heridas en el corazón. El despertar de su parte femenina es una necesidad de primer orden. Hoy en día, un servidor se permite expresar sus emociones en las conferencias y llorar.

La violencia es la salida del inconsciente. El hombre tiene que desarrollar el alma femenina, de esa forma libera frustración y sombra. Esto es ponerse en armonía. El hombre debe trabajar el alma femenina para expresar emociones y la mujer el alma masculina, saber tomar decisiones y ponerse en su sitio, ya que durante mucho tiempo ha estado sometida a unos arquetipos brutales.

EL LADO OSCURO DEL ÉXITO

Los verdaderos triunfadores son aquellos que saben atraer toda la riqueza potencial de su inconsciente y utilizarla en su proyecto. Son los que son conscientes del poder que tienen guardado en su inconsciente. Son los que aprenden de sus errores, de sus fracasos y de sus sufrimientos. Para mantenerse hay que evitar:

* Atribuirse dones especiales (sentirnos infalibles).
* Matar al mensajero (no tener a nadie a quien pedir consejo).
* Necesidad de protagonismo (necesidad de manifestarse mediante el poder; preocuparse demasiado por la etiqueta, que los demás vean quién eres).
* Vivir según unos principios morales superiores (los que no piensan como uno mismo son unos malvados o inferiores).

Las personas de éxito son aquellas que conocen y saben trabajar con ese lado oscuro. La fuerza más poderosa que existe en el ser humano y que te va a hacer triunfar en cualquier proyecto es armonizarse con tu propio inconsciente. Todo lo que no sea así, es pan para hoy y hambre para mañana. Entonces, para tener éxito en la vida, tienes que buscar esa sombra que hay en ti, sacarla hacia adelante.

Cuando uno ha vivido sus miedos más profundos y los ha superado, es un hombre o una mujer que se ha armonizado con su inconsciente. Es un hombre de éxito seguro porque es una persona completa. No solo una persona buena sino completa. No hay miedo a decir que no porque ya no hay miedo al abandono, porque no hay miedo a la soledad, estás en plena coherencia contigo mismo. Entonces eres un ser libre, un ser que lidias con tu sombra, que te permites sacar los dientes, decir: como te pases un pelo, te araño y punto. Si tú reprimes esas fuerzas interiores, eres un hombre o una mujer que vas a sucumbir tarde o temprano. Vas a caer enfermo. Por eso, en biodescodificación enseñamos a buscar ese lado oscuro, el lado oculto de las emociones para armonizamos con ellas. Cuando una persona es capaz de decir: «Odio a mi padre, pero no, odio a mi madre, que permitió que mi padre hiciese aquello», esa persona se cura, esa persona se sana, entra en armonía.

¿Cómo voy a odiar a mi madre? Para que haya un juicio respecto a eso, los que hagan el juicio habéis bebido aceite de ricino. No puedo odiar a mi madre, debo comprenderla y perdonarla.

¿Cómo debemos mantenernos en el éxito? Matar al mensajero es no rodearte de personas que te den consejos. Hay gente que no soporta que le digan o que le lleven una opinión en contra. Esta es la forma de perder el éxito rápidamente. Las personas que a mí me rodean, independientemente de la función que ejercen, pueden hablar libremente. Por lo tanto, las personas que veáis con éxito y lo mantienen están en equilibrio con el lado oscuro de su inconsciente. No se pueden conquistar las cosas si no hay un deseo de conquista y un saber canalizar. Hay que combinar muy bien la ambición con el deseo. Como combinar la noche y el día. Hay que saber ganar dinero y hacerlo ganar, no caer en la avaricia. Es saber gestionar, balancear, no dejarte atrapar por la codicia, pero a la vez ganar dinero y ser generoso.

EL CUERPO COMO ESPEJO

Aquí es donde centra su atención la biodescodificación (ahora bioneuroemoción). Nuestro cuerpo refleja todas aquellas emociones que se hallan en nuestro inconsciente (la sombra). Nuestra sombra se halla esculpida en nuestros huesos, en nuestros músculos, en nuestra sangre, etcétera. ¿Para qué nuestro inconsciente está dando esa solución biológica? ¿Cuál es el sentido biológico de este síntoma? ¿Qué expresa? En nuestro cuerpo se hallan las claves para despertar.

El cuerpo es una forma rápida para acceder al inconsciente. Mi inconsciente se refleja en el cuerpo. Esto es rapidísimo. No hay una casualidad. No me duele este dedo por casualidad. No me duele el estómago por casualidad. Hay un trasfondo. Ahí está la clave. Si una persona tiene un cáncer, no tiene tiempo para hacer psicoanálisis. Hay que ir más directo. Entonces el cuerpo lo utilizamos como espejo.

¿Dónde te duele? ¿Cuál es la emoción que alimenta esto y qué emoción oculta esto?

Ejemplo: cáncer de pene.

Pene tiene que ver con la sexualidad. Miramos su historia contemporánea y no vemos nada potente que genere un cáncer de pene. Entonces, digo, eso tiene que ver con el transgeneracional. Vamos a mirar el árbol. Y resulta que es doble de su abuelo. Y le digo, ¿qué pasa con tu abuelo? Ah, era un violador. Esto lleva a un estado de conciencia diferente y es lo que te ayuda a desvincularte de la enfermedad. Por lo tanto, nuestro síntoma físico es el espejo de algo que está oculto en nuestro inconsciente, sea inconsciente particular o familiar.

ESPEJOS PRÁCTICOS EN NUESTRAS VIDAS

* **El espejo directo**
En él vemos reflejadas nuestras creencias en tiempo real. En muchas ocasiones es un espejo muy sutil, no fácil de percibir, y, en otras, es muy evidente. En algunas ocasiones nuestro inconsciente lo representa la persona que hace de espejo, pero el espejo se activa cuando nos molesta de una forma exagerada la percepción que recibimos. La persona puede ser un mentecato; todos podemos estar de acuerdo, pero no a todos les molesta exageradamente. La crítica de los que hacen de espejo tuyo es la mejor gasolina que Dios te puede dar. Intégralo y a triunfar. Si te ofendes, si te cabreas o tal o cual, pringas. Pero, si la integras, sabes que triunfas. Las personas que se curan, que triunfan, que llegan, son las personas que se aman completa y profundamente a sí mismas, que aceptan sus errores, sus virtudes, las integran y bendicen a todo aquel que encuentran en su camino y le muestran, le hacen ver, esas defectos de uno mismo.

* **El espejo de nuestros juicios**
Es uno de los espejos más reveladores. Nos molesta y nos irrita todo aquello que juzgamos como malo o improcedente. «Odio la mentira» y en nuestra vida se nos aparecen constantemente personas que nos mienten. Me tengo que preguntar si soy yo el

115

mentiroso. Mis juicios son el imán que atrae situaciones para que las viva. «No sé por qué, pero algunos con los que me relaciono son deshonestos, siempre me relaciono con alguien que es deshonesto». Por lo tanto, tienes un juicio contra los deshonestos. Y debo preguntarme cuán deshonesto soy yo conmigo mismo o con los demás.

«No soporto la mentira, odio la mentira; estoy rodeado de mentirosos». Este es un espejo muy sutil. Si os roban, si os engañan, si os mienten, buscad en vosotros vuestro juicio. Tengo que analizar mi conducta y preguntarme cómo miento o me miento, cuánto robo o me robo, cuánto engaño o me engaño a mí mismo. O preguntar a los que me conocen y tengo confianza qué opinión tienen de mí sobre esos aspectos de mi conducta. ¿Sois demasiado rectos, estrictos, perfeccionistas? El espejo de los juicios que hacemos constantemente es extraordinario. Si tú te encuentras en situaciones repetitivas, por ejemplo, con las mentiras, pregúntate qué juicio tienes contra la mentira o pregúntate cómo te mientes a ti mismo. ¿Cómo te mientes a ti? ¿Cómo te robas a ti? ¿Cómo te maltratas a ti?

Si os encontráis una persona que dice «Yo no sé qué pasa, nadie me escucha, nadie me hace caso», ¡no me extraña, siempre estás hablando de cómo tienen que hacer las cosas los demás! Y lo dice: «Nadie me escucha». Por lo tanto, la pregunta que se tiene que hacer esa persona es: «¿Cómo me hablo a mí mismo y por qué no me escucho? ¿Qué es lo que tengo que escuchar de mí? ¿Qué es aquello que no me permito saber de mí mismo y por eso no me escucho y lo proyecto en los demás? Todo aquello que yo condeno, que yo juzgo, lo voy a vivir».

⋆ El espejo de nuestra noche oscura del alma
Situaciones muy exageradas donde nuestro mundo se precipita en el caos y surgen nuestros mayores miedos: la soledad, el aban-

dono...; cuando salimos de este espejo, somos personas diferentes. Despierta una fuerza en ti que es tu gran aliado. Esta es una situación que te viene de sopetón y es donde vivimos aquello, lo más oscuro de nuestras vidas. Es aquello que nunca hubieras esperado que te pasase. Es como que todos nuestros valores, todo nuestro mundo se va al traste, es como que todo se derrumba. Tienes la sensación real de que te estás volviendo loco. Todo tu mundo se derrumba, todo cae. Vives tus mayores miedos.

Dice san Juan de la Cruz que para llegar a la santidad tienes que pasar por las noches oscuras del alma y encontrarte con tu inconsciente. Al final, cuando salimos de este espejo, somos personas diferentes. Te da una fuerza brutal porque ya no tienes miedo de no llegar, de no triunfar, sencillamente sabes que lo que tiene que ser será, y punto.

* **El espejo de nuestro árbol genealógico**

* **El espejo de nuestro mayor bien: el psiquismo**
Veamos lo que nos dice Jung sobre el psiquismo: «Dado que el psiquismo y la materia están conectados en uno y en el mismo mundo, que mantienen una constante relación entre sí y que en última instancia descansan en factores trascendentes irrepresentables, no solo es posible, sino que también resulta extraordinariamente probable que el psiquismo y la materia sean dos aspectos diferentes de una y la misma cosa».

En biodescodificación decimos que psique, cerebro y cuerpo están estrechamente entrelazados. O sea, que no hay emoción libre de materia (que se relacione, que influya en la materia).

* **El espejo de nuestras situaciones diarias**
Un amigo me dice: «Hoy en la autopista una piedra me ha resquebrajado el parabrisas delantero, ¿qué quiere decir esto?». A

otro se le rompe el espejo retrovisor. A otro le tiran un huevo al coche. Otro se pierde constantemente cuando tiene que ir a un lugar. Otro no soporta que el trapo de la cocina esté sucio y nadie lo lave o lo enjuague.

Estás prestando atención a cosas que pueden destruir tu proyecto de vida (cristal delantero del coche). ¿Que se te ha roto el retrovisor? El inconsciente te está diciendo que no mires hacia atrás, que lo que pasó ya pasó, acéptalo y déjalo ir; que no estés pendiente de lo que la gente diga por detrás de ti. Para el inconsciente, el coche somos nosotros. Por lo tanto, lo que ocurra en el coche tiene que ver con nosotros casi siempre. Pero podemos poner la lavadora, la cocina, el gas y estropearse. El inconsciente, el psiquismo impregna toda la materia. Entonces, si tu casa es una olla a presión, es lo que tú vives. Se te estropea la nevera, ¿dónde hay que poner más calor? Quizás relaciones demasiado frías. Nada pasa porque sí. Ya hemos dicho que la casualidad no existe y que el destino no está escrito. Pero tampoco hay respuestas para todo el mundo ni para todas las situaciones.

¿QUÉ HAY QUE HACER? ¿LUCHAR O INTEGRAR?

La solución es siempre la integración, el reconocimiento de nuestro fallo, de nuestro error, de las emociones negativas que provocaron el evento doloroso o la enfermedad; aceptarlos y perdonarlos, porque la lucha contra mi espejo, mi inconsciente, siempre refuerza a este y antes de empezar a luchar ya estoy condenado al fracaso, siempre perderé. «Aquello a lo que resistes se refuerza y persiste». Y la derrota es la enfermedad.

Lo repito: acéptate tal cual eres, con todos tus defectos, porque solo a partir de esa aceptación podrás cambiar; solo cuando te hayas aceptado y hayas dejado de desvalorizarte, podrás pedirle a tu cuerpo o a tu mente que cambien en la dirección que tú deseas. Y lo van a hacer porque pertenecen al mundo material, al mundo físico.

Un curso de milagros dice: «Verás tu valía a través de los ojos de tu hermano, y cada uno será liberado cuando vea a su salvador donde antes pensó que había un agresor. Mediante esta liberación individual se libera el mundo. Este es el camino que lleva a la consecución de la paz».

Lo que no hay que hacer nunca es luchar contra el opuesto. Es esa la cosa más tonta que se puede hacer. La curación es siempre integración. La integración de los opuestos es lo que te da la fuerza necesaria para alcanzar cualquier meta. Por eso la curación es siempre integrar, no separar. La lucha o la discusión «de que tú tienes la culpa porque no sé qué», «que mira tu madre», «pues mira que la tuya»; todas estas cosas, con todo esto no se va a ninguna parte. Si estamos juntos es para algo. ¿Qué te reflejo yo y qué me reflejas tú? ¿Qué debo aprender yo y qué debes aprender tú?

Cuando nos damos cuenta de que, cuando reconocemos que, cuando se nos abre la mente y vemos que nosotros tenemos ese mismo defecto que el espejo nos muestra y tanto nos molesta, ocurre algo maravilloso, extraordinario, porque habremos rebajado nuestro nivel de inconsciencia y habremos hecho consciente aquello que estaba oculto en nuestra mente. Entonces el espejo habrá dejado de molestarnos. Además, al reconocer en nosotros ese defecto o esa adición, desaparecen, ya no existen, aunque Satanás no se va a resignar a perder su poder sobre ti y va a intentar que caigas otra vez en ese defecto o adicción.

Alégrate de tener tantos espejos que te rodean para que entre todos ellos puedan enseñarte aquel aspecto que tú no podrías ver de ti mismo si no fuese por ellos. Por eso bendice a todos los espejos que te rodean porque es una forma de conocerte, es una forma de aprender a amarte a ti mismo. Cuando hayas aprendido, te relacionarás con tus semejantes como dice Jesucristo. Nos dice el evangelista en el Nuevo Testamento: «No resistáis al mal. Amad a vuestros enemigos. Haced el bien a quienes os odian. Bendecid a los que os maldicen. Rogad por los que os maltratan. Al que te pegue en una mejilla, preséntale la otra. Al que te quite el manto, dale también la capa. Da a quien te pida y al que te quite lo tuyo, no se lo reclames».

EPÍLOGO

Bendigo a mis enemigos porque me hablan de mí, me dicen quién soy yo.

LA MODERNA IGLESIA CATÓLICA

SERMÓN O LOCUCIÓN QUE NOS PASA POR WASAP J. C.

Buenos días a todos y feliz día 13 de junio de 2020, sábado, día de nuestra madre y día de san Antonio, así que muchas felicidades a todas las Antonias y Antonios que me están escuchando.

1. Vamos con el pensamiento cristiano de hoy; tomando un pequeño texto del Evangelio de Mateo que dice así: «En aquel tiempo se acercaron a Jesús unos fariseos y letrados de Jerusalén y le preguntaron: ¿Por qué tus discípulos desprecian la tradición de nuestros mayores y no se lavan las manos antes de comer? Y llamando a la gente les dijo: Escuchad y entended: no mancha al hombre lo que entra por la boca, sino lo que sale de la boca, eso es lo que mancha al hombre. Se acercaron los discípulos y le dijeron: ¿Sabes que los fariseos se han escandalizado al oírte?, respondió Jesús: la planta que no haya plantado mi padre del cielo será arrancada de raíz, dejadlos, son ciegos guías de otros ciegos, y si un ciego guía a otro ciego, los dos caerán en el hoyo».

   La tradición de los mayores.

2. Mirad, según un historiador judío, Flavio Josefo, dice que esa tradición eran ciertas regulaciones trasmitidas por generaciones anteriores y que no estaban recogidas

en la Ley de Moisés. Pues mirad, en la historia de las religiones ocurre que se imponen observaciones y prohibiciones que no constan en los libros sagrados originales. A mí me da la impresión de que a veces ha habido y hay mucha gente que encuentra paz y tranquilidad cuando su vida, cuando su fe está regulada y no está a lo mejor tan libre como es el Espíritu Santo, que es plena libertad y guía.

3. La novedad del cristianismo estuvo y está en que Dios se reveló y se dio a conocer en un hombre, Jesús de Nazaret; o sea, en Jesús, Dios se nos comunica, de tal manera que en la medida que seguimos a Jesús y nos identificamos con el modo de vida de Jesús, en esa misma medida es como encontramos a Dios.

4. Esto quiere decir que a Dios no lo encontramos primordialmente y esencialmente ni en la fidelidad a unas verdades ni en la observancia de unas normas ni ante el cumplimiento de unos rituales ni en el ámbito de lo sagrado ni en la sumisión a unas jerarquías. Y esto, yo sé que es difícil, pero es el Evangelio.

5-A) Yo, a mis alumnos y a la Comunidad de Emaús que tengo de jóvenes universitarios les digo y les insisto mucho en este aspecto: Tenemos que recuperar el Evangelio como estamos haciendo ahora nosotros, cada día, un ratito, leer el Evangelio y ver cómo lo estamos tratando de vivir y de ponerlo en práctica en nuestra vida. Si no, el peligro es quedarnos en leyes y cumplimientos, en novenas, etcétera. Y no os escandalicéis.

5-B) Una vez, una vez no, varias veces. En clase me han preguntado mis alumnos: «Hermano, ¿cómo la Iglesia puede mandar por ley, por mandamiento, el ir misa los domingos y fiestas de guardar?».

5-C) ¿Acaso se puede obligar a amar a Dios por ley?

5-D) Pues mirad, queridos amigos, la Iglesia no tenía en principio esta ley, sabéis que ya a partir de Constantino y demás, se empezó a pensar, a hablar y a obligar. Y yo, personalmente, y espero que nadie se escandalice, no estoy de acuerdo con estos mandamientos, porque los mandamientos no me pueden obligar a amar a Dios. En el amor no se puede obligar a nadie; en un matrimonio no se pueden establecer normas para amarse, hay que escuchar, hay que planificar. En el amor a Dios, hay que escuchar a Dios, nadie me puede obligar a amar a Dios; yo lo amo porque me siento amado por él; yo voy a misa, no porque me obligan o lo manda un mandamiento, voy a misa porque quiero escuchar a Dios, porque quiero amarle, porque quiero comulgar, porque quiero partirme y repartirme como él, porque quiero poner en práctica lo que escucho, pero no voy a misa porque me obligan, y menos bajo un pecado mortal. Por eso, perdonad, espero no escandalizar a nadie, pero creo que es importante que también en la Iglesia actual pensemos y actuemos; que están las leyes y los mandamientos, fenomenal, fenomenal, pero nosotros tenemos que estar por encima de la ley. No olvidéis que san Pablo experimentó en este Cristo resucitado que donde hay ley no hay amor.

5. Bueno, pues ahí nos quedamos. Le retomamos el final del Evangelio, podemos ver que lo que daña al ser humano no es lo que comemos o dejamos de comer, sino las acciones y convicciones que brotan de los deseos más profundos de nuestro corazón. Y a veces hay personas, y es verdad, que la observancia y cumplimiento con rigor les producen tranquilidad y sentimientos de cierto orgullo religioso inconfesable. Pero, según dice Jesús, todo eso es pura ceguera y enseñar eso es actuar como guía de ciegos. Pues venga, ánimo, vamos a respetar todo, pero vamos a ser valientes y vamos a ayudar también a la Iglesia, que todos somos Iglesia, a vivir desde el amor, no desde las leyes, vamos a vivir desde el amor, vamos a dedicar un ratito, cómo me siento yo en relación con Dios.

6. ¿Rezo y actúo porque me mandan unas leyes o rezo y actúo porque me siento amado por Dios y amo a Dios?

7. Muy bien, muchas gracias, sé que es un tema delicado para muchas personas, espero no haber molestado a nadie, no es mi intención, solamente lo que trato es de anunciar el Evangelio y decir lo que Jesús nos dice y que tratemos de organizar nuestras vidas, nuestra Iglesia según el Evangelio. Porque queremos mucho a la Iglesia, pero también tenemos la obligación de ayudarnos como Iglesia a vivir desde el amor.

Junio de 2020

He tenido el gusto y la paciencia de trascribir a papel la locución que nos pasó por wasap J. O. para poderlo estudiar detenidamente y sacar mis propias conclusiones. He visto que M.

lo encuentra interesante, a M. le parece bonito, C. dice que es bueno y aplaude, M. dice que es bueno y hasta C. dice que es bueno (y me sorprende).

En primer lugar, he podido comprobar que, en esa locución, que he pasado a papel, hay una intensa carga de energía negativa. En segundo lugar, me sorprende y desanima el comprobar el bajo nivel de consciencia que todos tenéis (L. no ha contestado) al no haber detectado la carga de profundidad que allí hay, suficiente para dinamitar la Iglesia católica romana tal cual la conocemos. Y voy a intentar demostrároslo.

Punto 1: En primer lugar saca una cita del Evangelio de Mateo, pero no la saca completa, saca lo que a él le interesa para argumentar lo que expone después. Así expone 15, 1-2 y omite 15, 3-9; expone 15, 10-11 y 12-14 y omite 15, 15-20, que dice así: «Pedro, tomando la palabra, le dijo: "Explícanos esta comparación". Jesús le respondió: "¿Ni siquiera vosotros sois capaces de entender esto? ¿No comprendéis que todo lo que entra por la boca pasa al vientre y después sale del cuerpo, mientras que lo que sale de la boca viene del corazón y eso es lo que hace impuro al hombre?". En efecto, del corazón vienen los malos deseos, asesinatos, adulterios, inmoralidad sexual, robos, mentiras, chismes. Esas cosas son las que hacen impuro al hombre; pero comer sin lavarse las manos no hace impuro al hombre».

Sacar una cita del Evangelio fuera del contexto en el que se escribió, sin decirla completa y después hacer afirmaciones que cambian el espíritu original por otro diferente, a mí, personalmente, no me parece correcto.

Punto 2: Dice que, según Flavio Josefo (hay otras fuentes de información mejores, pero no las cita) esas observancias eran tradiciones que no constaban en los libros sagrados, y nos dice que en la historia de las religiones (entiendo que quiere decir a lo largo de los siglos desde Jesús) se van imponiendo observancias y prohibiciones que no constan en los libros originales (en el A. T. y el N. T.) y añade que los que hacen caso de los mandamientos, reglas, prohibiciones y observancias es porque así se encuentran satisfechos de que «cumplen con Dios», parece que sin importar si lo hacen porque tienen fe, porque adoran a lo divino, porque oran por los vivos, por la paz, por las almas de los fallecidos, etcétera. Todo eso no importa según él. Los sínodos, concilios, encíclicas, donde se tomaron las decisiones que fueron conformando nuestra religión, para él son pérdidas de tiempo y zarandajas de gentes que no tenían nada mejor que hacer que pensar qué se podía reglar, mandar o prohibir con la malsana intención de mantener al personal ocupado y fastidiarles las fiestas. Y, para terminar la parrafada, una perla: hay que ponerse en manos del Espíritu Santo, que es plena libertad y guía.

Punto 3: Este párrafo dice que, si nos identificamos con Jesús, nos estamos identificando con Dios. Cierto; Jesús es Dios.

Punto 4: Empieza diciendo que a Dios no lo encontramos en la religión y, claro, él mismo asegura que eso nos va a resultar difícil (de entender y aceptar). Este hombre asegura que a Dios no lo encontramos ni en unas verdades que nos han sido trasmitidas ni cumpliendo unas normas (mandamientos) ni en el ámbito de lo sagrado (puede que se refiera al pan y el vino consagrados) ni en la sumisión a unas jerarquías (sacerdotes, obispos y papa los mandamos al carajo, prescindimos de ellos cuando no nos conviene lo que dicen) y termina el párrafo diciendo que eso que él nos dice nos va a resultar difícil de comprender (si no lo entendemos es que somos tontos, yo debo ser tonto de remate porque no recuerdo haber leído nada que confirme las aseveraciones que él hace).

Punto 5-a) Continúa diciendo que él, a sus alumnos y a la Comunidad de Emaús que él dirige (debe ser profesor univer-

126

sitario) les dice y les insiste mucho en que hay que recuperar el Evangelio (¿dónde ha estado el Evangelio hasta ahora?), porque, si no, el peligro es quedarnos en mandamientos y cumplimientos, o sea, en novenas, misas, rosarios, mes de María, mes del Sagrado Corazón, Semana Santa, Todos los Santos, Navidad, Reyes, etcétera; y por tercera vez pide que no nos escandalicemos porque para él (y se supone que para su Dios) lo importante es el Evangelio y, todo lo demás, si te viene de paso, bien, y si no te viene bien o te causa molestia, se suprime y ya está.

Punto 5-b) Claro, es normal que, con estos antecedentes, los alumnos le pregunten si la Iglesia puede obligar por mandamiento el ir a misa los domingos y días de precepto. Yo recuerdo que de pequeño mis padres me obligaban a ir a misa, a rezar el rosario todas las noches y algunas cosas más; y, por obligación, empecé a conocer a Dios, después de la obligación vino la curiosidad y la intriga por desvelar aquellos misterios, y así hasta hoy. Pero, si no hubiese existido aquella primera obligación, en religión yo estaría más verde que un pámpano de higuera.

Punto 5-c) La segunda pregunta que dice este hombre que le hacen sus alumnos ¡tiene miga!: ¿Acaso se puede obligar a amar a Dios por ley? Por descontado que ninguna ley puede obligar a amar a nadie, ni siquiera a Dios. ¡Pero es que esa pregunta no tendría que haberse formulado! ¡Hay una equivocación de fundamento!

Veamos, ¿no dice el primer mandamiento que «Amarás a Dios sobre todas las cosas»? Y, para amar a Dios o a quien sea, ¿qué es lo primero que hay que hacer? Si es a Dios, habrá que conocerlo, tendré que saber qué espera de mí, tendré que saber cuál es su *modus operandi*, tendré que aprender a comportarme como él «quiere» y espera que yo lo haga y, para que tenga una guía clara, me ha dado, además del primero, otros nueve mandamientos, y por si no había suficiente (porque la gente los tergiversaban o simplemente los fueron adaptado a sus necesidades) nos envió a su hijo Jesús, el Cristo, para que nos aclarase las dudas que pudiésemos tener y darles a los mandamientos su texto y enseñanza definitivos. Entonces, cuando conoces y comprendes a Dios y cumples con gusto y devoción su voluntad, y le adoras como nos han enseñado el propio Jesús y los padres de la Iglesia, le amas de verdad y no están de sobra las leyes, prohibiciones y mandamientos porque gracias a ellos hemos podido conocer a Dios para después amarle.

Por lo tanto, la pregunta de si se puede amar a Dios por ley está mal planteada o, mejor, no procede de ningún modo plantearla.

Punto 5-d) Dice el ponente que «la Iglesia no tenía en principio esa ley» (debe referirse a la de ir a misa, porque la de amar a Dios ya existía) y dice: «Sabéis que a partir de Constantino y demás, se empezó a pensar, a hablar y a obligar». Veamos, aquí no se moja en decirnos las fuentes de donde saca esa información para justificar sus aseveraciones; porque Constantino fue un emperador romano y «los demás» ¿a quién se refiere?

¿Acaso no está escrito en Hechos que aquellos primeros cristianos se reunían los domingos para la fracción del pan consagrado? Y sigue con la cantinela de que no está de acuerdo con los mandamientos porque ningún mandamiento me puede obligar a amar a Dios. Y yo me repito con lo que argumenté antes. Dice que no se puede obligar a nadie a amar; cierto; y a continuación compara el amor humano-Dios y Dios-humano con el amor en el matrimonio. Cuando una pareja se casa es porque ya se conocen y se aman y, ante el sacerdote y con Dios por testigo, se prometen el uno al otro «respetarse y amarse» y «compartir todo lo bueno y lo malo que la vida les depare». Es un acuerdo mutuo, no hay imposición alguna, no procede la comparación.

Punto 6) Y, para rematar su enseñanza, la segunda parrafada. Dice que lo que daña al ser humano son las «acciones y convicciones que brotan de lo más profundo de su corazón» y a continuación clava la puntilla a los que nos consideramos dentro del camino correcto: «A algunas personas la observancia y cumplimiento les da tranquilidad y un sentimiento de *orgullo religioso inconfesable*».

Aquí nos ha cambiado las palabras que están en el Evangelio, por «acciones y convicciones», que son las que a él le brotan de su corazón, y que, sin la misericordia de Dios, le llevarán a la condenación eterna.

Vamos, que los cristianos en general y los católicos en particular somos imbéciles, gilipollas, mentecatos, ignorantes, crédulos, etcétera, porque nos hemos pasado los últimos veinte siglos (y no sabemos cuántos más antes) atendiendo e intentando cumplir unas leyes y unos mandamientos que además de no haber servido para nada (según ellos) en todo caso, y con la llegada de la «Iglesia actual», han quedado obsoletos.

Repito, efectivamente lo que daña al hombre, según Jesús, son los «chismes y mentiras que brotan del corazón» (cita que él omitió en la entrada) y este hombre, del que desconozco todo excepto lo que piensa, y no tengo ningún interés en conocer, digo que este hombre no se da cuenta de que de su corazón salen «chismes, mentiras y acciones y convicciones» que les desvían a él, a los que enseñan como él y a todos los que les siguen del verdadero camino hacia Dios; que, de sacerdotes del Dios Altísimo se han convertido, por obra y gracia de Satanás, en apologetas del camino de destrucción de la Iglesia católica, y que, para que su trabajo sea más efectivo, lo hacen desde dentro de la propia Iglesia a la que un día prometieron servicio y obediencia.

También al final de ese párrafo nos dice que «El Espíritu Santo es plena libertad y guía». O sea, que los que no consultamos al Espíritu Santo y atendemos sus revelaciones es que no estamos en la onda de Dios. ¿Sabéis que solo en los EE. UU. hay más de seiscientas, sí, más de seiscientas organizaciones religiosas registradas por las sectas evangélicas? Cuando un pastor recibe una «revelación», crea una nueva Iglesia. ¿Es eso lo que pretenden estos sacerdotes? Creo en las revelaciones, pero hay que tomarlas con precaución porque, si me apartan del camino que la Iglesia tiene trazado, no son de Dios, son de Satanás.

Por cuarta vez nos pide que no nos escandalicemos porque él no está de acuerdo con los mandamientos que obligan a amar a Dios ni a nadie; y dice que en el amor a Dios, hay que escuchar a Dios, que él ama a Dios porque se siente amado por Dios, que él va a misa no porque le obligan, sino porque quiere escuchar a Dios y amarle. ¿No hay una contradicción entre la pregunta y la argumentación posterior? Dice que no quiere ir a misa porque le obliguen, y menos si encima le sacuden un pecado mortal por no ir, y repite que no quiere que nadie se escandalice, pero a continuación pide que en la Iglesia actual (parece que hay una nueva Iglesia con una nueva Biblia adaptada a los gustos de hoy) es importante que pensemos y actuemos; dice que es fenomenal que haya leyes y mandamientos, pero, eso sí, nos dice que, si somos inteligentes y queremos formar parte de la «Iglesia actual», debemos deshacernos de las leyes y mandamientos para desarrollar nuestra personalidad y nuestra religiosidad con total libertad, sin guías ni imposiciones de nadie, ni siquiera de Dios.

¿Acaso no es este el gran pecado de la soberbia? Creerse Dios y por encima de Dios, utilizar a Dios solo para cuando pensemos que lo vamos a necesitar y, para rematar sus argumentos, nos trae a colación una cita de san Pablo incompleta y fuera de contexto.

Nos tira por el suelo nuestra creencia y nuestra fe en el Dios de la Biblia y a nuestra complacencia y satisfacción por ser católicos practicantes, y los convierte en «orgullo inconfesable» (qué pecado más grande e intenso tenemos por el hecho de ser religiosos a la «antigua» usanza —por contraposición a la «Iglesia actual»— que ni siquiera lo podemos confesar).

Y, para acabar, para que nos convenzamos de nuestras pocas luces, nuestra indecencia religiosa, nuestra falta de valor para agregarnos a la «Iglesia actual», nos compara con los levitas y fariseos de aquella época y nos llama «ciegos, guías de ciegos».

Termina con el párrafo de despedida dando las gracias por haberle escuchado y, por quinta vez y con aparente humildad, se excusa por si ha molestado a alguien (puede que no tenga tranquila la conciencia), dice que quiere mucho a la Iglesia y que lo que pretende es explicar el mensaje de Jesús para que organicemos nuestras vidas. Pertinaz y duro con sus erradas convicciones y blando para los que trata de atraer a su doctrina.

TODO MUY SIBILINO

El que no es sibilino, sino que va a por todas sin ningún tipo de vergüenza por sus convicciones, es el sacerdote que se da a conocer como fray Marcos. Es el que dice que «Dios, ni ama, ni puede ser amado». Sincretismo puro y duro entre Cristo, Buda, Confucio, el hinduismo, otros más y todos las filosofías habidas y por haber. Y encima no tiene vergüenza en consagrar al Dios que desprecia.

Podéis ver sus vídeos en YouTube para enteraros de lo que hay en la Iglesia.

SALUDOS Y UN ABRAZO (CON GUANTES Y CARETA)

SOBRE EL ABORTO, SIN CERTEZAS

ESCRITO POR JOSÉ ARREGUI

(01)

(1000).- Yo no saldría a la calle a defender el aborto con un cartel que dijera: «Con mi cuerpo decido yo», ni gritaría muy alto: «Derecho al aborto». (0003) Yo no tengo derecho, así sin más, ni a matar una lombriz ni a arrancar una flor. También ellas son vida sagrada. Pero tampoco comparto las severas certezas contrarias que exhiben muchos obispos.

(02)

(1000).- Mons. Ureña (Zaragoza) ha declarado que «el no nacido es una persona».

(03)

(1000).- Y Mons. Munilla (San Sebastián) acaba de sentenciar en su carta pastoral que lo es «desde el principio», desde la concepción, y que todo aborto es un «crimen», y que su aceptación revela un «eclipse de la razón» e incluso un «suicidio espiritual». Pone en duda la moralidad de las instituciones y movimientos vascos que trabajan por la paz (cita la Secretaría General para la Paz y Convivencia, el Defensor del Pueblo y las Conferencias por la Paz, mientras no condenen el aborto —¡ojo al dardo!—).

132

(04)

(0865).- El recientemente nombrado cardenal Fernando Sebastián afirmó que «todas las mujeres que quieren abortar lo que buscan es quitarse del medio a sus hijos para disfrutar de la vida».

(05)

(1000).- Y el saliente portavoz de la Conferencia Episcopal, Martínez Camino, ha advertido que quienes colaboren en la realización de un aborto tienen la comunión *ipso facto* (¿quedarán también excomulgados los parlamentarios del PP y todos sus votantes, pues contribuirán a que se aborte en determinados supuestos?) (0010) No, ellos no incurrirán en excomunión, según nos explica Munilla en su carta pastoral.

(06)

(0009).- Duras, hirientes certezas. Ahí habla una Iglesia convertida en aduana de control, en tribunal supremo de la verdad y del bien, en única intérprete autorizada de la «revelación» o de la naturaleza, incluso de las ciencias.

(07)

(0031).- Afortunadamente, nos queda el Evangelio. «No he venido a condenar, sino a salvar», dijo Jesús, y los obispos debieran saberlo mejor que nadie. Y debieran saber que no hay guerra ni ejecución que no haya justificado e incluso exigido la Iglesia, a pesar del «No matarás». Debieran ser más humildes, aunque solo fuera por pudor histórico.

(08)

(0025).- Debieran saber también que en toda la Biblia no se dice nada sobre el aborto. Y que los grandes referentes de la tradición católica (*Decreto Graciano*, santo Tomás de Aquino) no identifican el embrión con una persona humana y, aunque rechazan el aborto, nunca lo califican de asesinato.

(09)

(0000).- Los obispos debieran saber que los datos científicos impiden afirmar que el cigoto de un día sea un niño (el ADN no basta para ser persona) o que el embrión de doce días (que puede convertirse en dos, o dos en uno), o el de tres semanas, carente todavía de actividad cerebral, o incluso el de ocho semanas, carente aún de órganos plenamente formados, posean la misma cualidad humana que un feto de cuatro meses o que un niño ya nacido. Podrá llegar a ser un niño, pero aún no lo es.

(10) Forma parte del anterior párrafo, es continuación.

(1000).- Como una bellota podrá convertirse en un frondoso roble, pero no es un roble.

(11)

(0306).- Y no debieran olvidar los obispos que el 50 % de los embriones acaban en abortos de manera «natural» en las primeras doce semanas, pero nunca figuran en los índices de mortalidad infantil.

(12)

(0023).- No defiendo el aborto, sino una ley que sea aceptable para una mayoría social. Los obispos están en su derecho a enseñar lo que creen, pero no pueden exigir que el Código penal considere todo aborto como un crimen ni que la ley obligue al heroísmo ni al máximo bien en sí, sino al máximo bien posible.

(13)

(0665).- Y no deben olvidar que las restricciones legales apenas conseguirán que disminuyan los abortos, pero que solo las ricas podrán abortar con garantías para su propia salud yéndose al extranjero.

(14)

(0009).- Hay que cuidar la vida en todas sus formas y en todas sus fases. Pero no siempre sabemos claramente cómo. Hay que defender la vida en todas sus formas en el mayor grado posible, evitando el mal mayor o procurando el bien mayor posible. Pero no se puede defender la vida a base de excomuniones y de dogmas absolutos.

(15)

(0008).- El aborto es casi siempre un dilema y a menudo un drama, cuando dos vidas entran en conflicto insoluble. Y es ante todo la propia mujer la que tiene el sagrado derecho y deber decidir en conciencia. Y a la Iglesia le toca estar a su lado sea cual sea su decisión.

(Publicado en *Deia* y en los diarios del Grupo Noticias)

He copiado este artículo del Sr. Arregui de su página de internet (de casualidad, no lo sigo) y está a párrafos tal cual aparece allí, yo los he numerado del uno al quince para así reflexionar sobre cada uno de ellos independientemente; y también he valorado el grado de verdad que contiene cada uno de ellos, incluso, cuando me ha parecido pertinente, he valorado algunas frases de esos mismos párrafos por separado. Para comprender las valoraciones, has de saber que 1000 es la máxima valoración que se puede obtener en este plano, es la valoración que se obtiene del Nuevo Testamento, siendo la negación absoluta de la verdad 0.

Así, en el párrafo 01 la primera parte valora 1000 porque dice que no saldría a la calle a defender a gritos y con pancartas el aborto, pero la segunda parte valora un mísero 3, ¿por qué? Entiendo que los animales y los vegetales no son sagrados, ya que no tienen alma; los humanos somos omnívoros y tanto los animales como los vegetales forman parte de nuestra cadena de alimentación. Estoy de acuerdo en que no hay que maltratar a los animales, no hay que causarles dolor; no me compare el matar a un no nacido con matar un animal o cortar un vegetal.

El párrafo 02 calibra 1000, está bien.

El párrafo 03 calibra 1000, los obispos están en lo cierto.

El párrafo 04 calibra 865 por que no contiene toda la verdad: las mujeres también quieren abortar por otros motivos.

Párrafo 05. La primera parte calibra 1000 y la segunda parte calibra 10 porque los diputados que votan a favor del aborto sí que incurren en excomunión. No los votantes del PP.

Párrafo 06. ¡Que poco calibra este párrafo! Si conoce la historia de la Iglesia a través de dos mil años y los contextos en los que dicha historia se ha desarrollado, yo no me atrevería a emitir un juicio así.

Párrafo 07. Verdad incontestable: Jesús dijo que no había venido a condenar sino a salvar, y es cierto que los obispos lo saben mejor que nadie (estas dos frases calibran 1000 y el resto calibra 8).

¡Claro que Jesús vino a salvar y no a condenar la almas! Pero da la impresión que el ponente quiere dar a entender que hagamos lo que hagamos, siempre estaremos salvados. Pero en absoluto es así. Jesús nos salvará, pero siempre que cumplamos las normas o preceptos que él (la Santísima Trinidad por separado) nos ha dado. ¿O piensa, por el contrario, que, cuando fallezcamos y nuestra alma llegue a su presencia, nos va a decir: venga, pasad, os habéis portado mal, habéis abortado, inducido o practicado el aborto, pero, como os amo por encima de todo, os perdono, así que entrad al cielo? Pues no, no sucede así. Cuando fallezcas, tu alma (a no ser que te hayas arrepentido y confesado con un sacerdote) no va a ir a la presencia del Señor, cuando pase ante ti la película de tu vida, te vas a juzgar tú mismo y vas a ver tu alma tan cargada de energía negativa, que sin pensarlo te vas a lanzar al abismo, para la eternidad.

Acaso lo que hizo o permitió hacer la Iglesia en el pasado condiciona que ahora tenga que transigir con las demandas de esa parte de la sociedad que, aunque digan que son católicos, incumplen los mandamientos o preceptos que la Iglesia mantiene en vigor y deberían cumplir.

Párrafo 08. Cierto que en la Biblia no se habla de aborto (1000) pero si los escritos bíblicos tienen una antigüedad de ¿dos mil, cinco mil años?, pregunto yo: ¿se practicaban los abortos provocados en aquellos tiempos?

En la cultura de la cancelación que tan de actualidad está ahora, se interpretan hechos pasados o remotos con vocabulario actual, dándoles a las palabras un significado que en la semántica lingüística de aquella época concreta en la que se escribieron, podían tener un significado acorde con los preceptos que entonces estaban vigentes, pero que trasladado a la actualidad, no necesariamente esas mismas palabras deben trasmitir el mismo sentido. Por eso esa segunda parte del párrafo calibra 11.

Párrafo 09. ¿Saben los investigadores médicos o los científicos que estudian el cuerpo humano algo sobre energía? Siempre ha habido entre ellos personas creyentes en la existencia de Dios y la de nuestra alma; pero descontados algunos de estos, los demás solo tienen en cuenta lo que se puede ver, diseccionar, desmenuzar hasta la partícula más ínfima para estudiarlo y sacar sus conclusiones; pero de ahí no pasan. Poner como argumento esos estudios como una posibilidad para que el aborto sea admitido por la Iglesia, eso no, eso sí que no. Por eso este párrafo calibra un o absoluto.

Frase 10. Como una bellota puede convertirse en un frondoso roble, pero no lo es (calibra 1000).

Desde luego que una bellota no es un roble, lo será cuando tenga condiciones ambientales óptimas, germine y crezca. Tampoco un óvulo o un esperma son un niño, lo será cuando se unan en el útero de una futura madre, pero si Dios no envía un alma, pronto será un aborto espontáneo.

Párrafo 11. ¿Hay algún registro donde se anoten estos abortos naturales o espontáneos? Si no hay registros, ¿cómo lo saben? De todas formas, ya contesté en el punto anterior. No procede este párrafo.

Párrafo 12. Yo creo que los obispos, en un estado que se declara aconfesional, no pueden exigir que las leyes se hagan atendiendo los mandamientos de la Iglesia católica. Lo que sí deben exigir los obispos a los católicos, sean ciudadanos corrientes, políticos, médicos, educadores, etcétera, para que en su vida privada o profesional se les permita cumplir esos mandamientos o preceptos.

Párrafo 13. Eso ha pasado antes y va a continuar pasando, para desgracia de quienes lo practican.

Párrafo 14. Hay que cuidar la vida en todas sus formas y en todas sus fases. ¡Claro que sí! (1000) pero no siempre sabemos claramente cómo. Si se refiere a la vida humana, sí que lo sabemos. Pero esta frase está en total contradicción con el resto del escrito que propone el aborto.

El resto del párrafo está mal, muy mal. La Iglesia católica tiene el dogma para que sea cumplido y la excomunión es para que el católico que tiene temor de Dios, que respeta a Dios, se lo piense dos veces, primero antes de fornicar por las consecuencias posteriores y después, porque, si ha quedado embarazada y se ha practicado un aborto, las consecuencias van a ser muy duraderas; en primer lugar la muerte está presente en el útero de esa madre y si más adelante quiere tener hijos, el miedo a la muerte, el miedo en general como parte integrada en esa persona, lo va a acompañar durante toda su vida. Para la madre, el recuerdo de esa vida segada, de ese hijo no nacido, la va a acompañar siempre y su vida no va a ser la que ella se había propuesto vivir; se acongojará cuando ese recuerdo, imborrable, vuelva a su cabeza, estará triste y las crisis de ansiedad se sucederán.

Párrafo 15. Si que es un dilema tomar la decisión de abortar o no, pero no es un conflicto insoluble. Y el derecho a abortar o no, no es un derecho sagrado que tiene la mujer; el derecho sagrado es a la vida, no a la muerte. Y la Iglesia tiene que estar al lado del derecho a la vida y no al lado del derecho a la muerte, si hiciese esto último, habría renunciado a ser testigo del Evangelio.

Pero además de todo lo dicho hay otra solución. Puede ser dramática al principio para esa mujer y también para su entorno; pero supongamos que, al conocer su estado de embarazada, después de los primeros minutos de sorpresa y disgusto, reacciona, se planta y dice: voy a amar este hijo que está en mi vientre, lo voy a tener, lo voy a cuidar siempre. Por supuesto que su vida va a cambiar. Puede ser madre soltera (en España tienen ayudas públicas) puede formar una familia con el novio si lo tiene, o si sigue soltera va a encontrar un buen hombre que la quiera, la respete y la acompañe y si tiene más hijos no nacerán con el síndrome del miedo a la muerte.

Si al decidir convertirse en madre actúa como una mujer hacendosa y respetable, su vida va a ser feliz, sin que le persiga la muerte hasta el fin de sus días.

Sobre mí: siento que la redacción de este escrito no sea todo lo clara que yo quisiera, no haber utilizado las palabras adecuadas para describir mi mensaje. Me podéis rebatir mis argumentos si no los he expresado adecuadamente, pero si vais al fondo, no a la forma, vais a estar de acuerdo conmigo. Gracias por escucharme.

Toda esta reflexión valora 1000, así que tenedla en cuenta.

REFERENCIAS

SOBRE LA ENFERMEDAD

Pondré en primer lugar, y no por nada especial, a Enric Corbera. Hace años que sigo sus enseñanzas; tengo, creo, todos sus libros, desde el primer tratado de biodescodificación, después bioneuroemoción, hasta el que creo que es su último libro: *El soñador del sueño*. De él aprendí la relación existente entre nuestras emociones y nuestros problemas físicos, sean enfermedades, accidentes u otros, incluso la relación entre ascendientes y descendientes, no solo lo que se refiere a uno mismo. Un gran maestro. Aunque no estoy de acuerdo con él con alguna de sus afirmaciones que no son del ámbito de la salud, pero que difieren o nos alejan de algunas verdades de la Iglesia católica. A pesar de esto, siento un gran respeto y admiración por él. Gracias, Enric.

Una gran aportación para el control y curación de enfermedades son los dos diccionarios de biodescodificación que he encontrado en las redes; el primero es la recopilación de información que ha hecho Joan Marc Vilanova y Pujó y el segundo está en la web *SÁNATE Y SANA*; aunque en el fondo son lo mismo y parten de la misma premisa, lo explican de manera diferente, pero se complementan.

SOBRE EL CIELO Y EL INFIERNO

Otro lugar donde he encontrado muchísima información que me ha ayudado en la búsqueda de la verdad, para poder comparar lo que dicen las Escrituras y lo que cuentan estas personas a las que vais a leer, es un sitio web que se llama *NDRF*, allí hay más de cinco mil historias de personas que fallecieron y que después de unos segundos, minutos o incluso horas volvieron a la vida.

Todas estas experiencias de muerte y vuelta a la vida tienen algo en común y es que casi todas las personas expresan la enorme dificultad que representa para ellas el describir adecuadamente la realidad con la que se encuentran allí; no hay en nuestros vocabularios mundanos palabras que puedan describir aquellas vivencias, por eso, debemos tomar con precaución las descripciones muy elaboradas y atenernos al mensaje de la Sagrada Biblia para descifrar y dar el sentido adecuado a todos estos relatos.

Parece que las experiencias difieren unas de otras según las creencias privadas de la persona que las relata; también hay algunos relatos que son contradictorios con lo que los Evangelios nos enseñan. Algunos aspectos no los sabremos hasta que lleguemos allí...

SOBRE EL PURGATORIO

María Simma 1915-1904. Imprescindible y fundamental, hermoso y esclarecedor testimonio el del libro *Sáquennos de aquí, entrevista de Nicky Eltz*. También se puede encontrar en YouTube en diecisiete vídeos con una voz femenina y otra masculina en castellano (español de España). Hay también editado un libro por sor Emmanuelle Maillard donde María otra vez responde a preguntas inteligentes con respuestas ilustrativas sobre problemas que más o menos a todos nos atañen y que nos serán de gran utilidad.

CONFRONTACIÓN CON HERMANOS SEPARADOS

Os recomiendo encarecidamente al padre Luis Toro; son épicas sus discusiones con evangélicos, testigos, pentecostales, bautistas, etcétera; son memorables.

INFORMACIÓN Y FORMACIÓN

Foros de la Virgen María   Proyecto Dóminus Tecum

Tecton Centro Televisivo   Agustín Laje Arrigoni, provida, anticomunismo, antifeminismo, etcétera. Tiene varios libros escritos: *Generación idiota*, etc.

Dr. D. Mario Alonso Puig. Cuando leo un libro, tengo la costumbre de marcar las frases o partes que me interesa recordar y estudiar, cuando leí el primer libro de D. Mario, empecé a marcar y, conforme iba leyendo, dejé de marcar ya nada porque ¡no había una sola frase que sobrara o que no tuviera sentido! No habla de religión, pero la explica.

APARICIONES MARIANAS

Aparte de Fátima y Lourdes que son las más conocidas y estudiadas están: La Salette, en Francia, en 1846; en Akita, Japón, en 1973; en Medjugorge, Bosnia, desde 1981 hasta hoy. En San Sebastián de Garabandal, Cantabria, España, entre 1961 y 1965 la Virgen María se apareció a cuatro niñas unas dos mil trescientas veces; entre los mensajes que les dio, merece especial importancia «El aviso o iluminación de conciencia, el milagro y el castigo». Importante también «La noche de los gritos». Hay que ver los vídeos originales grabados a las cuatro niñas, algunos de ellos enternecedores.

Hay muchas más apariciones de la Virgen María. Sobre todo, en estos últimos años se prodigan por todo el mundo, es como si en el cielo estuviesen muy pero que muy preocupados por el próximo futuro que le espera a la humanidad.

* Michael Rodrigue, canadiense; el cielo lo nombra apóstol de los Últimos Tiempos.
* San Nilo, siglo IV, Apocalipsis.
* Juan de Jerusalén, 1040, Apocalipsis.
* Luisa Picarreta, 1865-1947 vidente y escritora.
* Santo Cura de Ars, 1786-1850.
* Santa Hildegarda von Bingen, 1098-1179.
* María Valtorta, 1897-1961, Jesús le muestra pasajes de su vida y ella los cuenta como si estuviese presente o estuviese viendo una película. Muy bueno.
* Beata Anna Catalina Emmerick, 1774-1824, desde la Creación hasta el Apocalipsis, Jesús le muestra toda la historia y hasta el futuro. Importante y esclarecedora.
* Padre Pío de Pietrelcina, 1887-1968, santo y vidente, tiene una especial relación con el santo ángel de la guarda. Muy interesantes los vídeos.

Por supuesto que hay muchísimos sitios donde obtener información, estos son algunos con los que me he encontrado y que me han parecido interesantes y coherentes con las enseñanzas de Nuestro Señor Jesucristo y de la santa Iglesia católica. Por descontado que se deben desechar todas aquellas enseñanzas, tan de moda actualmente y que nos desvían de lo esencial e importante para nuestra salvación. Vengan de donde vengan.

EPÍLOGO

Si habéis llegado hasta aquí, os habréis dado cuenta de que estar a bien con Dios es sencillo, muy sencillo.

Hay personas inteligentes o muy inteligentes que escrutan o estudian cada palabra, cada frase de la Biblia para sacar algo diferente a lo que desde hace dos mil años ha ido conformando nuestra religión católica. Llega a tal punto su desvarío que algunos llegan a afirmaciones blasfemas o heréticas; siento lástima de ellos y de los que los siguen. Lo dijo la Virgen María en Garabandal:

«¡Con lo sencillo y para nada complicado
que es Dios!».

Diciembre de 2024

Para remate de todo lo anterior me he atrevido a hacer una valoración del nivel de consciencia de organizaciones, líderes políticos y estados para que te hagas una idea de por dónde va el mundo, hacia dónde se dirige. En quiénes podemos confiar más y de quiénes no nos podemos fiar.

OTAN	13		FEDERACIÓN RUSA	150
ORG. MUN. DE LA SALUD	13		RUSIA	250
			GRECIA	226
CEE	14		BIELORRUSIA	291
ONU	14		HUNGRÍA	320
			BULGARIA	324
***			RUMANÍA	335

***

SUECIA	9		***	
FRANCIA	9			
ALEMANIA	9		EE. UU.	38
PAÍSES BAJOS	10		VENEZUELA	44
NORUEGA	11		CUBA	157
DINAMARCA	11		ARGENTINA	233
BÉLGICA	16		CHILE	233
GRAN BRETAÑA	33		COLOMBIA	293
ESPAÑA	35		MÉXICO	356
ITALIA	51		BRASIL	375
POLONIA	64		PERÚ	613
PORTUGAL	78		EL SALVADOR	660

***

***

TURQUÍA	1
MARRUECOS	1
SUDÁFRICA	199
GUINEA ECUATORIAL (ANTES ESPAÑOLA)	444
REPÚBLICA DEMOCRÁTICA DEL CONGO (INDEPENDIENTE)	456
ETIOPÍA	544
CONGO BELGA (COLONIA)	655

***

COREA DEL NORTE	0
CHINA	155
COREA DEL SUR	165
INDIA	432
TIMOR ORIENTAL	555
FILIPINAS	670
ARMENIA	860

***

PARTIDOS POLÍTICOS ESPAÑOLES

BILDU	5
PODEMOS	7
SUMAR	8
ESQUERRA	14
JUNTS	14
PSOE	24
PNV	66
PP	75
VOX	355

***

PERSONAJES INFLUYENTES EN EL MUNDO

TRUDEAU	7
K. HARRIS	10
MADURO	13
C. SHEINBAUN	25
J. BAIDEN	31
G. PETRO	35
L. OBRADOR	46
G. BORIC	53
L. DA SILVA	55

D. TRUMP	88 (SUBIENDO, EN 09/24 ESTABA EN 43)
J. BOLSONARO	95
JAVIER MILEI	784
N. BUKELE	944
ELON MUSK	955

***

BORIS JOHNSON	8
MACRON	8
SCHOLZ	9
ZELENSKI	15
STARMER	30
MELONI	48
MERZ	64
LUKASHENKO	164
V. PUTIN	174
VICTOR ORBAN	233

***

PEDRO SÁNCHEZ	1
C. PUIGDEMONT	6
JUNQUERAS	9

GARCÍA PAGE	10
S. ILLA	14
C. MAZÓN	25
MORENO	26
NÚÑEZ FEIJÓO	96
ISABEL DÍAZ AYUSO	313
SANTIAGO ABASCAL	730
ESPINOSA DE LOS MONTEROS	757
ROCÍO MONASTERIO	765
MACARENA OLONA	855

***

PENSADORES O POLITÓLOGOS

AXEL KAISER (chileno)	622
AGUSTÍN LAJE	885
ARRIGONI (argentino)	

***

MEDITACIONES Y OTROS

REIKI	56
YOGA	65
MINDFULNESS	365

Las comparaciones quedan a tu criterio.